KB146692

SKY로 가는 길, 확 바뀝니다

15년 차 대치동 입시 전문가가 알려주는 새로운 대입 개편안과 공부 전략

SKY로 가는 길,
확 바뀝니다

최성호 지음

처음 만나는
입시라는 세계

대한민국에서는 교육과 입시가 종종 함께 언급되며, 이 둘이 마치 동의어처럼 여겨지기도 합니다. 그러다 보니 어떤 가정의 자녀가 우수한 대학에 입학했다고 하면 그 가정의 교육이 성공적이었다고 인식하는 경우가 많습니다. 입시 결과는 대학 순위로 평가되고 이것이 자녀 교육의 성패를 좌우하기도 합니다.

성공적인 입시 결과를 얻기 위해 대한민국 국민은 가계소득의 상당 부분을 자녀 교육비로 소비합니다. 누구는 어디 학원에 등록했다더라, 누구는 지금 수학 진도를 어디까지 나간다더라… 주변에서 들려오는 소리는 대부분 교육에 대한 투자 압박으로 이어집니다. 그러나 이렇게 시작한 투자는 자녀가 좋은 대학에 가리라는 확신보다는 그저 대학에 잘 가주길 바라는 소망만 가득한 경우가 대부분입니다. 또 입시에 관한 지식이 부족하여 실제 입시와는 무관한 교육에 투자하는 경우도 있습니다.

비효율적이고 비합리적인 투자는 성공적인 입시 결과를 가져오지 못합니다. 그럼에도 교육에 투자를 하지 않을 수는 없기에, 입시를 제대로 알지 못한 채 아무 곳에나 투자하여 더 큰 불안과 실패 위험성에 노출되는 악순환에 빠지고 맙니다.

15년간 대치동에서 입시를 지도해 오면서 SKY와 의대를 비롯한 명문대 입시에 도전하는 우수한 학생을 무수히 만났고, 그중에서도 마지막 합격의 기쁨을 누리는 합격생 수백 명을 지켜보며 많은 것을 배우고 경험했습니다. 특히 컨설팅이라고 부르는 개인 맞춤형 상담을 통해 학생, 학부모의 다양한 입시 고민과 함께해 왔습니다.

그러면서 알게 된 것은 실제로 입시를 잘 모르고, 어려워하는 부모가 정말 많다는 점이었습니다. 심지어 대치동에 사는 부모도 마찬가지였습니다. 어렵고, 이해가 되지 않는 입시 때문에 교육에 대한 불안감이 커져 잘못된 결정을 내리는 경우가 많았습니다.

일반적으로 입시 정보는 고3 수험생에게 가장 중요할 것 같지만 제 생각은 다릅니다. 무언가 달라지고 싶다면, 무언가 바꾸고 싶다면 나이 어린 자녀를 둔 부모가 입시를 알아야 합니다. 진짜 실력은 하루아침에 만들어지지 않기 때문입니다. 그런데 자녀가 어릴수록 입시는 어렵고 멀게 느껴집니다. 이러한 엇박자, 정보 부족 문제를 해결하는 것이 이 책을 쓰게 된 목적입니다. 입시는 생각보다 어렵지 않습니다. 입시를 알면 오히려 교육이 쉬워집니다.

입시는 참 신기합니다. 학생의 실력이 비슷하더라도 부모가 정보력이 높고 현명하게 의사 결정을 할수록 좋은 성과를 냅니다. 입시와 교육을 조화로운 관점으로 바라보면 우리 아이에게 알맞은 교육 방법을 제공하고, 적절한 학원을 선택할 수 있습니다. 또 입시를 알면 불필요한 사교육을 줄이고, 홍보성 광고에 휘둘리지 않을 수 있습니다. 입시를 잘 알수록 나만의 교육관을 포기하지 않고 아이와 함께 입시 성공을 이룰 수 있습니다. 교육에 현명하게 투자하기 위해서는 입시를 올바르게 알아야 합니다. 이 책을 읽는 독자가 입시 관점에서 쉽게 우리 아이의 교육을 바라보고 준비할 수 있게 하는 것, 그것이 저의 목표입니다.

다이아몬드 시계

그렇다면 교육과 입시는 어떻게 다를까요? 크게 보면 입시가 교육 안에 포함되지만 교육과 입시는 엄연히 그 결이 다릅니다. 자녀가 태어나서부터 성인이 될 때까지 전인적 영역을 다루는 교육은 호흡이 장기적이며, 가치지향적입니다. 반면 수시로 바뀌는 정책에 따라 달라지는 입시는 본격적인 고등 시기를 중심으로 단기적인 트렌드와 정보 파악이 중요합니다. 따라서 입시에 성공하려면 결과중심적으로 사고해야 하며 입시에 도움이 되는 가장 효율적인 선택을 내려야 합니다.

또 교육은 비교적 근본적이고 최종적인 목표를 지향합니다. 자녀의 성품과 자질을 중시하고 적성과 흥미에 맞는 진로를 찾을 수 있도록 도와주며 삶을 살아가는 방식을 가르쳐 줍니다. 그러나 입시는 일종의 수단이자 스킬입니다. 시험을 대비하거나 자격증을 취득하여 목적한 교육목표에 도달하는 과정이라는 점에서 최종 목적지에 이르기 위해 거쳐 가는 정류장 같지요. 그래서 주로 입학시험이나 성적 관리, 진학 문제에 집중하고 효율성을 따집니다.

물론 교육과 입시에 차이가 있다고 해서 둘의 관계를 이분법적으로 생각하면 안 됩니다. 둘 중 어느 한쪽을 놓치면 균형을 잃기 때문입니다. 교육에 치우쳐 입시를 간과하면 시행착오를 많이 겪고, 반대로 입시에 너무 치우치면 오히려 근본적인 학습 역량을 깎아먹는 함정에 빠집니다. 그래서 교육과 입시는 항상 구분해서 바라봐야 하지만 동시에 한 몸처럼 이해해야 합니다.

교육과 입시의 관계를 쉽게 이해하기 위해 예를 하나 들어 보겠습니다. 바로 다이아몬드가 박힌 시계입니다. 다이아몬드와 시계는 상징하는 바가 서로 다릅니다. 먼저 다이아몬드는 변하지 않는 아름다움, 흔들림 없는 실력을 상징합니다. 마치 교육과 비슷합니다. 반면 시계는 끊임없이 변화하는 시간을 상징하며, 그 시간 속에서 입시 준비와 경쟁이 이루어지는 모습을 떠올리게 합니다.

값진 다이아몬드가 박힌 시계를 팔목에 차고 있으면 어떨까요? 아마도 시계를 볼 때마다 끊임없이 흘러가는 시간을 인식하는 동시에 변함없는 아름다움을 느끼며 모순된 두 가치를 떠올릴 수 있을 것입니다. 영원한 것 그러나 항상 변하는 것. 마치 교육과 입시처럼 말입니다. 저의 바람은 이 책이 독자의 다이아몬드 시계가 되는 것입니다.

부모의 정보력, 자녀의 공부력

이 책은 크게 2부로 나뉘어 있습니다. 1부에서는 앞으로 10년 이상, 우리 아이의 교육과 입시 환경을 크게 바꿔놓을 고교학점제와 2028 대학입시제도 개편안(이하 대입 개편안)의 핵심을 살펴보고자 합니다. 지금 대한민국 교육은 또 한 번의 전환기를 맞이하고 있는데, 그 중심에 바로 고교학점제 도입이 있기 때문입니다. 더불어 2028학년도 대학수학능력시험(이하 2028 수능)을 다뤄볼 것입니다. 고교학점제 첫 세대인 09년생 학생이 치를 2028 수능 시험은 이전 수능과 크게 달라집니다. 입시가 변하면 교육 추세도, 교육 전략도 바뀝니다. 변화의 본질을 올바르게 읽어내는 힘이 바로 입시 '정보력'입니다.

2부에서는 '공부력'에 관해 설명할 것입니다. 공부력은 좋은 성적을 거두기 위해 반드시 필요한 공부 근력이자 상위권 학생의 핵심 역량입니다. 공부력이 뛰어난 아이는 변화하는 입시 환경에서도 흔들림 없이 성공적인 결과를 거둡니다. 군건한 실력을 갖추기 위해 우리 아이의 공부력을 어떻게 훈련하고 키워야 할지 구체적으로 말씀드릴 것입니다.

입시에서 1%는 어떤 의미일까요? 1%는 입시 경쟁에서 최상위권을 의미하는 숫자이며, 가장 우수한 성과를 거둔 성공 전략의 총집합을 뜻합니다. SKY 또는 의대 입시에 합격하는 최상위권 학생이 여기에 속합니다. 수능 시험을 치른 평균 50만 명 정도의 수험생 중 최상위 1%만 SKY와 의대에 진학한다는 뜻입니다.

대치동 아이들은 항상 1%를 목표하지만 모두 1%가 되는 것은 아닙니다. 평범하게 공부하고 준비해서는 1%가 될 수 없다는 사실을 누구보다 잘 알기에 가장 많이 노력하고 가장 열정적으로 공부하는 아이들이 모여 있는 곳이 바로 대치동입니다.

대치동은 대한민국 입시 1번지로 불립니다. 과거에는 대치동이 1타 강사들의 강의로 유명했다면 지금은 최고의 입시 전문가들이 제공하는 '대치동 컨설팅'으로 명성을 쌓고 있습니다. 이 컨설팅의 핵심이 바로 정보력과 공부력입니다.

저는 다년간의 경험에서 깨달은 1%에 도달한 부모, 학생의 노하우를 바탕으로 입시에서 성공하고 교육에서 성공하는 비결이 무엇인지 차근차근 짚어보고, 그 본질을 전달해 드리고자 합니다. 대한민국 학생, 학부모 모두가 대치동 컨설팅을 직접 경험할 수는 없더라도, 이 책을 통해 그 핵심을 맛보고 경험할 수 있을 것입니다.

또 이 책의 독자 모두가 1%가 될 필요는 없습니다. 하지만 이 책을 통해 적어도 대치동이 목표하는 1%가 되기 위해 반드시 필요한 입시 정보력 그리고 공부력이 무엇인지 이해할 수 있기를 바랍니다.

- 최성호

3장 수능이 달라진다: 2028 대입 개편안의 핵심

4장 시험이 달라진다: IB와 논·서술형 교육의 도입

5장 초중고 입시 로드맵의 핵심

2부
대치동 1%의 공부력

6장 반드시 합격으로 이어지는 공부의 비밀

7장 입시 맞춤형 과목별 공부 전략

1부

대치동 1%의 정보력

★ ★ ★ ★ ★

1장

달라진 입시를 읽는 힘

01
정보력이 좋아야
입시에 성공한다

홍수 때는 마실 물이 없다

자녀 교육에서 부모의 정보력은 매우 중요합니다. 실제로 조금만 관심을 기울이면 유튜브에서 어렵지 않게 관련 정보를 얻을 수 있습니다. 명문대 합격생 인터뷰, 그 부모의 자녀 교육 경험담, 1타 강사의 과목별 공부법, 엄마표 학습, 자기주도학습과 메타인지를 비롯한 최신 교육학 이론까지 하루가 멀다 하고 교육 정보가 쏟아집니다.

또 지역별 맘카페에는 각종 학원을 추천해 달라는 글이 심심치 않게 올라옵니다. 인터넷에서 조금만 발품을 팔면 유명한 학원 정보, 강사 후기, 과목별 내신 전문 학원 트렌드를 비롯해 사교육 정보를 얻을 수 있습니다. 이렇게 해도 구하지 못하는 정보는 엄마들 입소문으로 전달되는 새로운 교육 트렌드나 유명 입시학원 설명회 등으로 보충합니다.

그야말로 정보의 홍수 시대라 해도 과언이 아닙니다. 그런데 교육 정보, 입시 정보가 홍수를 이루는 지금, 우리는 왜 여전히 정보가 부족하다고 느끼고 입시를 어렵게만 생각할까요?

'홍수 때는 마실 물이 없다'는 말이 있습니다. 눈에 보이는 흙탕물은 많으나 막상 먹을 수 있는 물은 없다는 뜻입니다. 우리에게는 더러워서 먹지 못하는 흙탕물 한 트럭이 아니라 당장 마실 수 있게 정수된 깨끗한 물 한 컵이 필요합니다. 다시 말해 중요한 것은 정보의 양이 아니라 질이라는 뜻입니다. 불필요한 정보, 부정확한 정보가 많으면 오히려 올바른 의사 결정에 방해가 됩니다. 우리가 신뢰하는 대부분의 교육 정보에는 광고가 섞여 있고, 수익을 얻기 위한 과장된 정보가 포함되어 있기 때문에 그중에서 알짜배기 정보를 골라내는 실력이 있어야 합니다.

결국 우리에게 필요한 것은 정보 그 자체가 아니라 여러 정보 속에서 보석 같은 정보를 해석해내는 '안목'입니다. 이것이 진짜 정보력입니다.

좋은 정보를 가려내기 위한 조건

컨설팅을 하며 많은 학부모와 상담하다 보면 부모들이 입시 정보를 얻는 공통 패턴을 발견할 수 있습니다. 어느 날은 알고리즘이 추천해준 유튜브 영상 하나를 보고 갑자기 꽂혀서 새로운 교육 트렌드에 올라탑니다. '초등 의대 설명회', '대치동 영수 트랙', '영유 레테 대비 맞춤과외', '요즘 뜨는 학습법' 등 제목만 봐도 자극적이고 주목을 끄는 이야기가 정말 많습니다. 어느 날은 브런치 모임에서 만난 학부모 소개를 받아 전혀 계획하지 않았던 학원의 입시 설명회에 참석합니다. 정보가 많아져 다행인 듯싶었으나 오히려 고민만 더 늘어납니다. 잘 다니던 학원을 갑자기 바꿔야 하는 것은 아닌지 불안감이 스멀스멀 올라옵니다. 이 길이 맞는지 새로운 정보를 찾아 다시 유튜브와 맘카페를 헤맵니다.

특히 아직 입시와는 거리가 먼 초등학생 자녀를 둔 부모가 '카더라 통신'에 취약한 경향이 있습니다. 입시 경험이 없으니 선배 엄마 의견에 휘둘리기도 쉽고, 사교육 마케팅에 넘어가기도 쉽습니다. 입시를 잘 몰라서 그렇습니다. 정보력이 부족하단 뜻입니다.

정보력이 좋다는 것이 주변에 '정보통 엄마'가 많다는 것을 의미하지는 않습니다. 무엇보다 같은 입시 정보라도 아이마다 다르게 적용됩니다. 정말 중요한 것은 내 자녀에게 도움이 되는 진짜 정보를 가려낼 수 있는 '나만의 정보력'을 확보하는 것입니다. 그렇다면 좋은 정보를 가려내기 위해 학부모가 갖춰야 할 조건은 무엇이 있을까요?

첫째로 '우리 아이가 치를 입시 연도'를 알고 있어야 합니다. 아주 쉬운 계산 방법을 가르쳐 드리겠습니다. 우리 아이 출생 연도에 18을 더하면 아이가 치를 대입 시험, 수능 시험 연도를 알 수 있습니다. 예를 들어 2005년 태어난 아이는 2023년 수능 시험을 치르고, 2024년 대학 신입생이 됩니다. 우리 아이가 앞으로 치를 입시, 수능 시기를 가늠해보는 것은 기초 중의 기초지만, 생각보다 많은 부모가 이 부분을 놓치고 있습니다.

그래서 선배 엄마의 경험담과 추천은 절반만 들어야 합니다. 입시 성공과 실패 노하우는 여전히 중요하지만 그 집 아이가 경험한 입시와 우리 아이가 겪을 입시는 다를 수밖에 없기 때문입니다. 예를 들어 과거 학생부전형 초창기에는 수시 입시에 합격하기 위해 대외 수상 실적과 소논문 기록 등이 필요했고, 상대적으로 특목고나 자사고 인기가 높았습니다. 하지만 다시 정시 열풍이 불면서 수능 시험이 중요해지자 내신 부담이 적은 일반고, 특히 강남처럼 사교육 인프라가 잘 갖춰진 학군지 입성이 핫이슈로 떠올랐습니다.

그렇다면 앞으로는 어떻게 될까요? 특목고나 자사고가 더 관심받을까요, 아니면 일반고와 학군지가 더 중요해질까요? 이런 고민하나에도 결정 기준이 필요합니다. 그래서 먼저 우리 아이 입시 시기부터 정확히 파악하고 있어야 하는 것입니다.

둘째로 '현실적인 입시 목표'를 세워야 합니다. 다시 말해 자녀의 입시 결과에 솔직한 기대 수준을 가져야 한다는 것입니다. 입시 목표가 뚜렷해야 좋은 정보력을 갖출 수 있습니다. 이 부분에서 우리나라 부모는 더 솔직해질 필요가 있습니다. 이 책을 읽는 독자는 자녀가 꼭 명문대에 가기를 바라나요? 그렇다면 본인이 생각하는 명문대 기준은 어디까지인가요? 정말로 아이가 SKY나 의대, 치대, 약대에 진학하기를 희망하나요? 이런 구체적인 질문을 통해 현재 수준에서 가장 솔직한 입시 목표와 기대치를 정리해두는 것이 좋습니다.

사실 우리나라에는 아직 어린 자녀의 대학 목표를 너무 일찍 구체화하는 것을 기피하는 풍조가 있습니다. 부모가 자녀 학업에 과도한 욕망을 내세우는 것처럼 느껴지기 때문입니다. 그러나 제가 생각하기에 입시 목표는 늦어도 중학교 이전에 세워야 합니다. 허둥지둥 목표를 세우면 입시의 '골든타임'을 놓치게 됩니다. 미리미리 자녀를 면밀히 관찰하여 기대 수준을 정하는 것이 좋습니다.

특히 입시는 전략적으로 접근해야 합니다. 중학교 이하 아이에게 입시 목표는 사실 크게 중요하지 않습니다. 어차피 아는 대학도 몇 개 없고, 입시에 대해 별다른 고민을 하지 않기 때문입니다. 그저 공부를 열심히 하면 됩니다. 하지만 부모는 다릅니다. 입시에 전략적으로 접근하려면 먼저 부모부터 자녀의 입시 목표를 더 솔직하고 구체적으로 정리해 두어야 합니다. 부모의 명확한 입시 목표는 교육 투자 관점에서도 중요합니다. 자녀의 노력뿐 아니라 부모의 돈과 시간도 함께 투입되는 것이 교육이고 입시이기 때문입니다.

아직 입시 목표가 충분히 구체적이지 않다면 쉽게, 현재 아는 대학과 학과라도 직접 적어보고, 그것을 입시 목표로 세워두는 것이 좋습니다. 그래야 아이가 자라고, 입시 목표가 점점 뚜렷해질수록 아이의 중학교, 고등학교 문제를 부모가 함께 고민해줄 수 있습니다. 또 아이가 입학시험 준비 시기를 놓치지 않게 도와줄 수도 있습니다.

02
09년생 입시에
주목해야 하는 이유

교육계의 메가트렌드, 고교학점제와 통합형 수능

지난 2023년 하반기에는 대한민국 교육과 입시의 패러다임을 근본적으로 뒤바꿀 중대한 발표가 연이어 쏟아졌습니다. 그중 핵심은 두말할 것 없이 교육부의 '2028 대입 개편안'입니다.

요점은 크게 2가지입니다. 먼저 고교학점제 도입으로 내신 성적 산출 방식이 크게 달라집니다. 상대평가는 유지되지만 평가 기준이 9등급제에서 5등급제로 바뀝니다. 1등급 받기도 더 쉬워집니다. 과거에는 성적이 상위 4%에 속해야 1등급이었는데, 2025년부터는 상위 10%까지 1등급이 확대되기 때문입니다. 1등급 비율이 기존에 비해 거의 2.5배 증가한 것입니다.

다음은 통합형 수능입니다. 2028 수능은 진정한 의미의 통합형 수능이 실시되는 원년입니다. 수학, 과학, 사회 과목을 비롯해 모든 과목에서 선택과목이 사라집니다. 문과, 이과 상관없이 모두 같은 문제를 풀고, 같은 기준으로만 등급을 받게 되지요.

좀 더 구체적으로 살펴보면 수능 수학 시험의 경우 현재의 《미적분》, 《기하》처럼 비교적 어려운 과목은 배제되고, 고등학교 1~2학년 때 배우는 《공통수학》과 《확률과 통계》처럼 상대적으로 쉬운 과목만 수능 출제 과목으로 채택되었습니다. 시험이 다소 쉬워졌다고 볼 수도 있습니다.

또 탐구 과목의 변화가 큽니다. 문과, 이과 상관없이 모든 수험생은 1학년 때 배우는 《공통과학》과 《공통사회》를 시험 과목으로 공부해야 합니다. 지난 20년간 없었던 충격적인 변화입니다. 지금까지 교육 현장에서는 이과 학생(이과 진로를 희망하는 학생)에게는 과학을, 문과 학생(문과 진로를 희망하는 학생)에게는 사회를 '선택'해서 공부하도록 가르쳐 왔습니다. 수능에서 탐구 과목 중 2과목만 선택하여 시험을 봐야 했기 때문입니다.

그런데 갑자기 선택과목이 사라지고 공통과목이 등장하여 문과든 이과든 상관없이 사회와 과학 모두 시험 보게 된 것입니다. 대치동에서는 벌써 《공통사회》, 《공통과학》 대비법과 질문, 또 선행

조짐이 나타나고 있습니다.

이미 시작된 09년생 입시 준비

이 책에서 저는 먼저 09년생에게 주목할 것입니다. 이 아이들이야말로 앞으로 닥칠 교육과 입시 제도의 큰 변화를 가장 먼저 겪게 될 당사자이기 때문입니다.

앞에서 알려드린 방법으로 계산해보면 2009년에 태어난 아이는 18년 후인 2027년에 입시를 치르게 됩니다. 2027년 치러질 수능 시험은 '2028 수능'이라고 부를 것이고, 실제로 2028년이 되어야 아이가 대학 신입생으로 입학할 것입니다. 그리고 09년생 아이가 고등학교에 입학하는 2025년은 바로 고교학점제가 처음 전면 시행되는 원년입니다. 동시에 2022 개정 교육과정이 고등학교에 도입되는 첫해이기도 합니다.

09년생이 처음 치를 2028 수능 변화는 그 파장이 만만치 않습니다. 앞서 말한 대로 2028 수능은 이전 수능 시험과 달리 통합형 수능으로 치러집니다. 물론 지금도 문과와 이과 과목을 교차로 지원할 수 있다는 점에서 통합 수능이라는 말을 사용하고는 있지만 진짜 통합형 수능인 2028 수능부터는 과목 자체가 통합됩니다. 수능 역사 30년에서 문과, 이과 학생이 똑같은 시험을 보고, 똑같은 성적 기준을 적용받은 적은 최초 수능이었던 94년 수능 이후로

단 한 번도 없었습니다. 그런 의미에서 앞으로 우리나라 교육과 입시는 크게 09년생이 치를 2028학년도 수능 이전과 이후로 나뉠 것입니다.

어떤가요? 맛보기로 고교학점제와 2028 대입 개편안을 09년생 입장에서 잠깐 살펴보았는데, 얼마나 큰 변화인지 체감되나요?

앞으로 최소 10년 이상은 우리나라 입시에서 고교학점제와 통합형 수능이 핵심 키워드가 될 것입니다. 겪어본 적도 없고, 정보도 부족한 입시를 마주해야 하는 09년생으로서는 불안한 것이 당연합니다. 당장 어떤 고등학교에 진학해야 할지, 내신 시험은 어떻게 대비해야 할지, 또 수능 시험은 어떻게 달라질지 물어볼 수도, 정보를 얻을 방법도 없습니다. 모든 것이 처음입니다.

분명 첫 타자라는 점에서 09년생은 많은 시행착오를 겪을 것입니다. 그렇다고 불안과 걱정만 안고 가야 할까요? 그렇지는 않습니다. 기회는 위기 속에서 싹트는 법입니다. 커다란 변화 국면 속에서 침착하게 번뜩이는 기회를 포착해야 합니다. 단순히 입시 변화를 이해하는 데 그치지 않고 그것이 나에게 끼치는 영향도 이해해야 합니다. 더불어 나에게 도움이 되는 정보는 무엇이며, 무엇을 준비해야 하는지, 어떤 교육적 선택을 내려야 하는지 생각해야 합니다.

입시를 아는 만큼 교육은 쉬워집니다. 정보력 차이가 저비용 고

효율의 교육 투자 성공을 좌우합니다. 이것이 바로 지금 이야기하고 있는 입시 정보력의 진가입니다.

03
수능을 알면
미래가 보인다

수능 시험의 중요성

과거에 비해 현재 입시 제도는 훨씬 복잡해졌고, 자주 바뀝니다. 따라서 장기적인 교육목표와 달리 입시에는 그때그때 맞춰나갈 수 있는 유연한 전략이 필요합니다.

입시 제도는 대학 전형, 선발 방식, 평가 조건 등 여러 요소로 구성되지만, 핵심 요소를 하나만 꼽으라면 수능 시험이라고 할 수 있습니다. 정시와 수시 모두에 막대한 영향을 끼치기 때문입니다. 최근에는 많은 교육 전문가와 학부모가 수시 입시와 학생부전형 그리고 내신 성적이 중요하다고 말하기 때문에 상대적으로 수능의 중요성이 간과되는 경향이 있습니다. 그러나 수능 시험은 여전히 우리나라 입시 제도의 중심이며, 앞으로도 꽤 오랫동안 그 입지가 유지될 것으로 보입니다. 따라서 입시를 준비하려면 수능 시험을 잘 알아야 합니다. 아는 만큼 대비도 할 수 있습니다.

수능 시험은 1994년 처음 시행된 이후 30년 넘게 대한민국 입시 제도의 근간을 이루어 왔습니다. 요즘은 부모도 대부분 수능 세대입니다. 하지만 수능 시험 제도는 지난 30년간 꾸준하게 변화를 겪었고, 지금도 겪고 있습니다. 어쩌면 수능 시험이라는 이름만 똑같을 뿐, 부모 세대와 자녀 세대가 경험한 수능 시험은 각각이 전혀 다른 이미지일 것입니다. 이 변화의 맥락을 이해하지 못하면 지금 수능의 특징을 이해하기 어렵고, 앞으로의 변화를 예측할 수도 없습니다.

수능이 변해야 한다는 주장에는 수능을 아예 폐지해야 한다는 급진적 주장도 있었고, 수능을 절대평가 혹은 논술형, 서술형 시험으로 크게 바꾸어야 한다는 개혁론도 있었습니다. 또 수능을 입학 자격 고사 수준으로 축소해 영향력을 줄이려는 입장도 있었습니다. 하지만 수많은 논의와 논란에도 불구하고 수능 시험은 여전히 건재하며, 앞으로도 그럴 것 같습니다.

단순히 이 방향이 옳다거나 그르다는 말은 아닙니다. 다만 수능의 영향력이 강력하게 유지되고 있는 것이 사실이므로, 입시 전략도 여기서 시작해야 합니다. 기억하세요. 수능을 알아야 입시에 성공하고, 수능을 알아야 교육에도 성공할 수 있습니다. 그래서 먼저 간략히 수능 시험의 역사를 훑어보고자 합니다.

수능 시험 변천사

수능 시험이 처음 시행된 1994년부터 2004년까지 첫 10년간 수능의 특징은 난도가 높은 어려운 시험이었다는 것입니다. 당연히 어렵게 공부한 학생이 시험에서 좋은 성과를 거뒀습니다. 대표적으로 97학년도 수능 시험은 가장 어려웠던 시험으로 아직까지도 악명이 높습니다. 그랬던 수능 시험 난도가 대폭 하락한 것은 99학년도 수능부터입니다. 수능 만점자가 등장한 것도 바로 이때였지요. 이후 04학년도까지는 큰 변화가 없었습니다.

7차 교육과정이 적용되기 시작한 05학년도 수능부터는 탐구 과목에서 큰 변화가 나타납니다. 바로 '선택형 탐구 과목'의 등장입니다. 수험생은 이때부터 과학탐구, 사회탐구, 직업탐구 중 하나만을 선택하여 응시하게 되었고, 이로 인해 문과 학생은 과학을, 이과 학생은 사회를 상대적으로 등한시하게 되었습니다. 문과, 이과 학생의 탐구 과목 배경지식이 편중된 것도 이 때문입니다.

이어 09학년도 수능부터는 성적표에 표준점수와 백분위를 함께 표기하는 상대평가 방식이 도입되었고, 지금까지도 유지되고 있습니다. 이에 따라 원점수는 똑같이 만점이더라도 선택과목별로 표준점수에는 차이가 생기게 되었습니다. 난도가 높아서 어렵고, 만점자가 적은 과목을 선택했을 경우 원점수가 동일해도 표준점수에서 추가점을 받게 되어 입시에 유리해진 것입니다. 쉬운 과목을 선택하면 표준점수가 낮아지고, 어려운 과목을 선택하면 표준점수가 높아지는 선택과목의 딜레마가 나타나기 시작한 것이 바로 이때부터입니다.

또 하나 주목해야 할 큰 변화는 바로 '입학사정관 제도'의 도입입니다. 입학사정관 제도는 수시 제도의 하나로, 대학의 입학사정관이 서류 평가와 면접 평가 등을 통해 지필고사 없이 학생을 선발하는 미국식 대입 제도를 국내 입시에 적용한 것입니다. 이 제도는 객관식, 암기식 시험처럼 여겨지던 수능 시험의 대안으로 주목받기 시작했고, 이후 점차 확대되어 수시 전형의 핵심으로 자리 잡았습니다. 2014년에는 학생부전형으로 이름이 바뀌었고 그렇게 오늘날까지 제도가 이어지고 있습니다.

17학년도 수능부터는 2009 개정 교육과정이 반영되었고, 18학년도부터는 영어와 한국사가 순차적으로 절대평가로 전환되었습니다. 그 배경에는 이미 20년 가까이 유지되어온 수능 시험 자체에 대한 비판과 문제의식이 어느 정도 자리 잡고 있었습니다. 바로 지나친 상대평가 경쟁의 부작용을 줄이겠다는 것입니다. 또 점진적으로 수능 시험의 영향력을 축소하고, 학생부전형 중심의 수시 입시를 강화하려는 분위기도 깔려 있었습니다.

하지만 이러한 취지와는 정반대의 부작용이 나타났는데, 상대평가가 유지된 나머지 과목에서의 경쟁이 더욱 치열해졌다는 것입니다. 영어가 절대평가로 바뀌면서 특히 국어와 탐구 과목의 변별력이 엄청나게 중요해진 탓이었습니다.

당연히 평가원 입장에서는 변별력 확보를 위해 해당 과목 난도를 더 높였고, 그 결과 국어와 탐구 과목에 대한 수험생의 부담 역시 크게 증가했습니다. 하지만 당시에는 이러한 부작용도 수능 중심의 정시 체제에서 학교생활기록부(이하 학생부) 중심의 수시 체제로 전환되는 과도기에 나타나는 일시적인 현상으로 여겨졌고, 완전히 전환되면 사라질 문제라는 의견이 많았습니다.

그런데 뜻밖의 사건이 벌어집니다. 바로 정치인들이 연관된, 연이은 수시 입시 부정 의혹이 그것입니다. 이는 학생부전형의 불공정성에 대한 사회적 비난 여론에 불을 지펴 확대되던 수시는 거꾸로 축소되고, 영향력이 줄어들던 정시가 다시 주목받게 되었습니다.

실제로 2019년 이후 SKY를 비롯한 서울 소재 주요 대학이 정시 비중을 확대하라는 교육부 방침에 따라 정시 모집 인원을 40% 수준으로 갑자기 늘렸고, 이에 따라 수능 시험의 중요성도 높아졌습니다.

그리고 2020년, 누구도 예측하지 못한 초유의 사태가 한 번 더 일어납니다. 바로 전 세계적인 팬데믹, 코로나19의 유행이었습니다. 전염병 확산을 막기 위해 학교는 휴교했고, 개학이 연기되었습니다. 학교가 폐쇄되어 비대면 수업이 이루어지고, 출근하지 못하는 직장인은 재택근무를 하는 등 전례 없던 일이 계속되면서 우리 교육도 안개 속으로 들어가게 되었습니다.

교육이 파행을 겪자 비대면 수업에 따른 학력 저하를 우려한 부모는 선행학습, 특히 수능 중심의 선행학습에 집중하기 시작했습니다. 비슷한 시기, 우연히 EBS 다큐 등을 비롯해 문해력 논란이 사회적 관심사로 주목받으면서 최근 급격히 어려워진 국어 사교육, 국어 선행학습 시장도 급성장했습니다. 또 확대되는 정시 비율에 대한 불안이 심화되어 재수생의 약진이 거세졌고, 수능 성적이 중요한 의대 열풍까지 가세하며 결국 사그라들던 수능의 불씨가 다시 활활 타오르는 상황에 이르게 된 것입니다.

수능의 미래, 입시의 미래

이제 왜 수능이 여전히 중요하고, 앞으로 우리 입시에 미치는 영향이 클 수밖에 없는지 이해가 될 것입니다. 우리는 수능의 변화, 입시 제도의 변화 속에서 아이의 입시를 고민하고, 아이가 다닐 중학교와 고등학교를 선택해야 합니다. 또 입시 로드맵에 맞춰 아이를 어느 학원에 보낼지와 같은 사교육을 고민해야 합니다. 혹은 사교육에 의존하지 않고 실력을 키우는 아이만의 공부법을 고민해야 합니다.

과목별 공부법도 달라져야 합니다. 단순히 '국어가 중요하다더라'가 아니라 왜 국어가 중요해졌는지, 그러면 수학이나 영어, 나아가 탐구 과목은 덜 중요하다는 것인지, 아니면 여전히 중요한지 고민해봐야 합니다. 결론부터 말하면 지금은 어느 한 과목만 잘해서는 안 되는 시대입니다.

입시 제도의 변화라는 큰 그림을 바탕에 두고 2장부터는 고교학점제로 인해 달라지는 입시, 2028 대입 개편안으로 달라지는 통합형 수능 그리고 교육 선진화라는 명분으로 국내 교육계에 빠르게 퍼지고 있는 IB 교육을 자세히 다루도록 하겠습니다.

★ ★ ★ ★ ★

2장

내신이 달라진다
: 고교학점제
바로 알기

01
고교학점제
이해하기

고교학점제란 무엇인가?

아마 이 책의 독자라면 고교학점제라는 새로운 입시 제도의 이름 자체에는 제법 익숙해졌을 것입니다. 언론을 통해 자주 접했고, 학교나 학원에서 관련 설명회도 다양하게 진행되고 있으니까요. 그런데 고교학점제의 진짜 핵심은 무엇일까요? 왜 사람마다 고교학점제를 다르게 설명하는 것일까요?

고교학점제의 모습은 교육과 입시, 둘 중 어느 관점에서 바라보느냐에 따라 차이점이 있지만 공통점도 있습니다. 따라서 둘을 조화롭게 바라보는 시각, 통합적 시각을 가져야 합니다. 그러려면 그 핵심을 정확하게 짚어내는 정보력이 꼭 필요합니다. 정보력의 중요한 특징은 바로 '통찰력'입니다. 표면적 변화를 이해하는 데 그치지 않고 그 이면의 핵심을 꿰뚫는 통찰력이야말로 대치동 1%의 진짜 정보력입니다.

고교학점제는 흔히 '학년제'와 비교되는 교육제도로 알려져 있습니다. 먼저 고교학점제의 정의는 다음과 같습니다.

> 학생이 기초 소양과 기본 학력을 바탕으로 진로·적성에 따라 과목을 선택하고, 이수기준에 도달한 과목에 대해 학점을 취득·누적하여 졸업하는 제도(교육부, 2021)

다시 말해 출석일수를 채우면 학년을 끝마치고 다음 학년으로 자동 진급하거나 졸업하는 기존 방식과는 다르게 수업을 듣고 일정 기준 이상 학점을 획득해야만 학교를 졸업할 수 있는 교육제도라는 뜻입니다. 극단적으로 보면 낙제 점수를 받을 경우 학점을 취득할 수 없고, 졸업도 못합니다. 물론 너무 걱정할 필요는 없습니다. 낙제한 학생에게는 재수강 기회가 주어집니다.

고교학점제 핵심 포인트 3가지

고교학점제의 핵심은 일단 3가지로 정리할 수 있습니다. 첫째,

내가 원하는 과목을 선택해 학점을 취득한다. 둘째, 일정한 성취 수준에 도달해야만 과목을 이수한다. 마지막 셋째, 누적 학점이 일정 기준에 도달할 경우 졸업을 한다. 이러한 점에서 고교학점제는 지금까지의 학년제 교육 방식과는 분명한 차이가 있습니다.

또 고교학점제에는 공통과목이나 학년별 시간표 개념이 없습니다. 1학년 때는 예외적으로 일부 공통과목이 존재하지만 대부분의 과목이 선택과목이고, 학생들은 자신의 선택에 따라 서로 다른 시간표를 받습니다. 게다가 최소 점수를 얻지 못하면 낙제 처리되어 동일한 과목을 다시 수강해야 하므로 학생마다 수강 시기나 졸업 일정, 학습 목표 및 학습 과정이 달라집니다.

그렇다면 이렇게 생소한 고교학점제를 왜 도입하는 것일까요? 그 취지를 살펴보면 몇 가지 해답을 얻을 수 있습니다. 먼저 고교학점제를 통해 학생별 맞춤형 학습을 실현할 수 있습니다. 각자 원하는 과목을 수강할 뿐 아니라 학업역량이 부족하거나 부진하면 보충학습 기회가 주어지기 때문입니다.

다음으로 원하는 과목을 스스로 선택했으니 학생의 수업 만족도와 참여도가 향상될 수 있습니다. 희망하는 전공과 진로를 고려하여 내게 알맞은 심화 수업을 선택할 수도 있습니다. 이 경험은 이후 대학 입시에도 도움이 됩니다. 우리 학교에 개설되지 않는 수업의 경우 필요하다면 이웃 학교에서 그 학교 학생과 함께 배울 수

도 있습니다. 혹은 고교와 직접 연결된 대학에 가서 관련 수업을
들을 수도 있습니다.

마지막으로 진로에 맞게 서로 다른 과목을 수강한 학생의 성취
를 일률적으로 평가할 수 없으니, 수험생 역량을 평가하는 기준이
다양해질 것입니다. 기존 내신 성적은 하나의 기준으로 학생의 실
력을 평가했다면, 고교학점제는 비교적 다양한 소질과 잠재성을
인정하고 이를 발휘할 기회를 줄 가능성이 높습니다. 이것이 고교
학점제가 도입된 이유입니다.

02
고교학점제를
둘러싼 논란

교육 인프라 부족

이 같은 순기능에도 불구하고 고교학점제의 목표가 너무 이상적이고, 교육 현장에 맞지 않아 여러 가지 문제점이 생길 수 있다는 목소리도 있습니다. 특히 아직 인프라가 부족하다는 지적이 많습니다. 학사 운영 과정 설계, 다양한 수업 개설, 수업을 준비할 교사의 연구 시간은 물론이고 교실을 비롯한 물리적 인프라도 부족하다 보니 우려가 되는 것도 당연합니다.

그럼에도 불구하고 당장 2025년부터 고교학점제가 전면 시행되면, 교육 현장은 무수한 시행착오를 겪으며 결국 바뀐 교육제도에 적응할 것입니다. 고교학점제의 전면 도입이 확정된 이 시점에서 우리는 예상되는 부작용을 최소화하고 제도의 본래 취지를 살릴 수 있는 중·장기 실행 계획을 마련해야 합니다. 교육부는 고교학점제의 성공적인 안착을 위해 거점 학교를 중심으로 한 교육 인프라 공유, 공동 교육과정 개설, 주변 대학과의 협업을 비롯한 여러 교육기관 간 교류 등 교육 네트워크 강화를 해법으로 제시하고 있습니다.

고교 서열화 부활

고교학점제에 대한 또 다른 비판은 고교학점제가 줄 세우기식 입시 경쟁을 오히려 부추길 것이라는 우려입니다. 특히 고교 입시에서 특목고, 자사고의 인기가 치솟을 것이라는 비판이 커지고 있습니다. 실제로 대치동에서는 이미 특목고, 자사고 입시 관련 설명회가 자주 열리고 있으며, 몇 년 전부터 해당 학교 지원율이 계속 높아지는 분위기가 나타나고 있습니다.

특목고와 자사고는 원래 우수한 교육 인프라를 바탕으로 학생의 개별 역량을 관리하고 발전시키는 데 강점을 지닌 학교입니다. 과학 분야에서는 영재고와 과학고, 외국어 분야에서는 외국어고와 국제고 그리고 전반적인 학업역량에서는 자사고가 유명합니다.

그런데 몇 년 전까지 교육계에서는 특목고, 자사고를 중심으로 한 고교 입시를 폐지하고 이들을 일반고로 평준화하려는 움직임이 있었습니다. 특목고와 자사고가 고교 서열화를 부추기고, 고입 사교육을 유발한다는 이유에서였습니다. 하지만 일부 교육계의 이 같은 시도는 결국 실패로 돌아갔고, 특목고와 자사고는 존치되었습니다. 오히려 이 학교들의 경쟁력은 더 강해졌으며, 고교학점제 도입으로 그 인기도 점점 높아질 것으로 예상되고 있습니다.

특히 이과 쏠림 현상으로 촉발된 일부 외고의 자사고 전환 움직임이 이러한 분위기를 반영하고 있습니다. 문과 과목 위주로 수업이 개설되어 선택지에서 제외되었던 외고들이 자사고로 전환하여 이과 과목을 충분히 개설할 수 있게 되면, 학생 입장에서는 고교 선택의 폭이 넓어지니 특목고와 자사고 지원 기회를 적극적으로 고민하는 계기가 될 것입니다.

현재 고등학교에서 신입생을 선발하는 방식은 크게 2가지입니다. 추첨 방식과 선발 방식입니다. 평준화 지역이나 일반고 입시는 대부분 추첨 방식으로 이루어지기 때문에 별다른 입시 경쟁이 없습니다. 선호하는 대로 1지망, 2지망 학교를 적어내면 통학 거리 등을 고려해 무작위로 배정받습니다. 하지만 특목고나 자사고 입시는 중학교 성적과 학생부, 자기소개서를 포함한 서류 평가와 개별 면접 평가를 통해 학생을 선발하는 과정을 거칩니다. 원하는 학교에 지원한다고 모두 합격하는 것이 아니라는 뜻입니다.

고교학점제 도입 이후 고교 서열화가 강화된다면, 우수한 학생을 먼저 선발하는 특목고, 자사고 선호도가 더 높아질 것이고, 그만큼 고교 입시 경쟁도 더욱 치열해질 것입니다. 반대로 일반고에서는 우수한 학생 자원이 빠져나가 입시 경쟁력이 약화되고, 그만큼 다시 고교 서열화 현상이 심화될 가능성이 높습니다. 이와 관련해 정부에서는 일반고 지원을 강화하고, 공립고등학교를 중심으로 자율형 공립고 정책을 확대 추진하는 등 일반고 경쟁력 강화를 위해 노력하고 있습니다.

상대평가 부작용

마지막으로 고교학점제는 근본적으로 학점제의 취지를 살리지 못하고 있다는 비판을 받기도 합니다. 그 이유는 바로 상대평가를 고수하고 있기 때문입니다. 애당초 고교학점제의 본래 취지를 살리기 위해서는 절대평가 도입이 필수라는 의견이 지배적이었습니다. 어떤 과목을 선택해도 불이익을 받지 않게 하려는 목적에서 말입니다. 절대평가를 실시하면 일정 점수 이상의 성적을 거둔 학생에게 인원과 상관없이 우수한 성적을 줄 수 있습니다. 그래서 원래 고교학점제 시행 계획을 세울 때 1학년은 상대평가, 2~3학년은 절대평가를 결합한 방식을 따르려 했습니다.

하지만 초기 계획과는 달리 고교학점제는 전 학년 상대평가 방식으로 시행하게 되었습니다. 만약 1학년에만 상대평가가 적용되면 1학년 내신 경쟁이 과열될 것이 불 보듯 뻔했기 때문입니다. 또 전면적으로 절대평가를 도입한다면 학교에서는 입시 실적을 위해 시험문제를 쉽게 내고, 학생에게 무조건 좋은 성적을 남발할 가능성이 높아집니다. 이로 인해 성적 인플레 현상이 나타나면 아예 내신 성적 자체를 믿을 수 없게 되는 혼란이 생길 수도 있습니다. 따라서 교육부는 고민 끝에 상대평가를 고수하기로 결정한 것입니다.

절대평가를 예상했던 선택과목이 상대평가로 전환되면서 2~3학년 때 배우는 심화과목에 대한 두려움이 더 커진 것도 사실입니다. 절대평가라면 등급과 상관없이 원하는 과목을 선택할 수 있을 텐데, 상대평가로 성적을 받아야 한다면 내신 성적을 잘 받을 수 있는 과목을 선택해야 한다는 압박이 생기기 때문입니다.

03
내신 5등급제 도입이
입시에 끼칠 영향

5등급제 도입으로 늘어나는 1등급

그럼에도 달라진 점이 있습니다. 바로 내신 5등급제 도입입니다. 기존 내신 성적은 9등급제로, 등급 구간이 세분화된 만큼 경쟁이 치열했습니다. 한 문제만 더 틀려도 등급이 바뀔 정도였으니까요. 하지만 09년생이 고등학교에 입학하는 2025년부터는 5등급제로 바뀐 상대평가가 시행됩니다. 등급 수가 줄어든 만큼 각 등급별 인원은 늘어나 경쟁도 완화될 것으로 예상됩니다.

그렇다면 9등급과 5등급의 상대평가 체감 난이도 수준은 얼마나 달라질까요? 그 해답은 등급별 인원 비중을 살펴보면 알 수 있

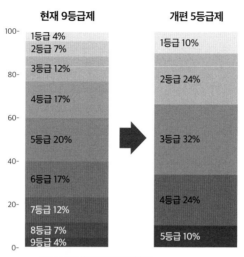

현재 9등급제

현재 9등급제

- 1등급 4%
- 2등급 7%
- 3등급 12%
- 4등급 17%
- 5등급 20%
- 6등급 17%
- 7등급 12%
- 8등급 7%
- 9등급 4%

개편 5등급제

- 1등급 10%
- 2등급 24%
- 3등급 32%
- 4등급 24%
- 5등급 10%

고교 내신 5등급제 기준 변화(교육부, 2023)

습니다. 기존 9등급제에서 1등급은 전체 4%, 2등급은 7%에 해당합니다. 이 둘을 합친 약 11% 정도를 보통 상위권 성적이라고 부릅니다. 만약 한 학년 정원이 300명이라면 과목별로 전교 12등까지는 1등급, 전교 13등부터 33등까지는 2등급을 받습니다. 반 인원이 25명이라면 각 반 1등은 1등급, 2등과 3등은 2등급을 받게 됩니다. 반에서 대략 5등까지 3등급을 받는데, 보통 이 정도 성적까지가 수시로 인서울 대학에 입학할 수 있는 내신 성적이라고 이해하면 됩니다.

그런데 9등급제가 5등급제로 바뀌면서 내신 산출 방식도 완전히 바뀌었습니다. 고교학점제의 5등급제에서는 1등급 비율이 전체 10%로 9등급제에 비해 2배 넘게 늘어났습니다. 2등급 비율은 24%까지로 확대되니 둘을 합치면 전체 학생의 34%로 약 1/3이 1등급과 2등급을 받을 수 있는 것입니다.

결과적으로 치열했던 내신 경쟁이 크게 완화될 것입니다. 지금까지는 1등급이었던 최상위권과 2등급이었던 상위권의 내신 성적 차이가 아예 사라집니다. 반에서 1등을 하든 3등을 하든 모두 똑같이 1등급을 받는 것입니다. 또 반에서 10등 안에만 들어도 최소 2등급 성적을 받게 됩니다. 그만큼 내신 성적 받기가 쉬워진다는 뜻입니다.

상위권 학생의 달라지는 경쟁 양상: 비교과 역량과 논술, 면접

이렇게 내신 경쟁이 완화됨에 따라 상위권 학생의 경쟁 양상도 달라질 것입니다. 전체 내신 성적은 각 과목 등급의 평균으로 구합니다. 국영수를 비롯해 주요 과목 성적이 모두 1등급이면 평균 성적이 1.0이 됩니다. 내신 성적이 1등급 또는 2등급으로만 채워져 있으면 내신 평균값이 1.0~2.0 사이가 되는데, 이 정도 수준이어야 전교권 성적, 최상위권 성적인 내신 1점대가 되는 것입니다. 기존 9등급제에서 의대, SKY를 목표하는 최상위권 학생이라면 일반적으로 내신 성적 등급은 평균 1.0~2.0 사이에 있어야 했습니다. 내신 2등급과 3등급 성적을 주로 받으면 평균 2점대 내신이 됩니다. 여기까지가 상위 11%에 해당하며 이 학생들은 보통 서울 소재 상위권 대학에 합격합니다.

하지만 내신 5등급제로 바뀌면서 최상위권과 상위권의 내신 격차가 줄어들거나 거의 사라지게 되었습니다. 내신 성적만으로는 최상위권과 상위권 학생을 구분하기가 어려워질 것이고, 당연히 상위권 학생끼리의 경쟁은 다른 양상으로 바뀔 수밖에 없습니다.

앞으로 최상위권 학생이 상위권 학생과 구분되는 기준은 학생부에 기록되는 내용 중 성적 이외의 요소가 될 것입니다. 흔히 '비교과 역량'이라고 부르는 교내 활동 역량이 그것입니다.

교과 역량이 내신 성적을 의미한다면 비교과 역량은 특정 교과목의 성취도와 발전 정도, 수업 참여 태도에 대한 담당 교사의 기록 등으로 이루어집니다. 흔히 학생부에 '세부능력 특기사항', '창의적 체험활동'이라는 항목으로 적히는 부분입니다. 또 교내 동아리 활동이나 진로 탐구 대회 등 교내 대회 경험을 요약해서 학생부에 적으면, 대학이 이를 종합적으로 판단하여 서류 평가에 활용합니다.

그중에서도 최상위권 학생의 비교과 역량으로 가장 돋보이는 것이 바로 '탐구역량'과 '독서역량'입니다. 예를 들어 탐구역량은 답이 정해져 있지 않은 문제에 지적 호기심을 갖고 스스로 답을 찾아가는 탐구 활동 역량입니다. 과학 실험이나 소논문 연구 활동, 설문조사를 통한 가설 검증, 발명대회 준비 경험 등이 여기에 해당합니다.

독서역량은 교과목 전반에 걸쳐 교과서에서 배운 지식을 심화 학습하거나, 흥미 있게 공부하는 주제를 자기주도적으로 탐구하는 활동의 근간을 이룹니다. 최신 연구나 기술 동향, 산업 분야 발달 및 사회 변화, 전공 분야의 새로운 발견 등을 비롯해 고전 읽기 경험, 꾸준한 독서 기록장 작성 같은 독서 경험이 이런 활동에 속합니다.

상위권 입시에서 예상되는 또 다른 경향은 논술이나 면접 같은 대학별 고사가 중요해질 것이라는 점입니다. 내신 성적 동점자가 많아지면 내신 성적이 우수한 학생을 대상으로 다시 논술이나 면접시험을 치르고, 여기에서 좋은 성적을 받는 학생을 최종적으로 선발하는 것입니다.

따라서 앞으로 의대나 SKY 진학을 목표하는 학생은 내신 외에도 비교과 역량, 논술, 면접 역량을 골고루 갖춰야 합니다. 흔히 이러한 인재를 '다이아몬드형 인재'라고 부릅니다. 다이아몬드처럼 바라보는 각도에 따라 다양한 색깔을 보여주기 때문입니다. 고교학점제 도입 이후에는 내신만 잘하는 학생보다는 다이아몬드형 인재가 입시 성과에서 두각을 보일 가능성이 높습니다.

이 같은 상황을 감안하면 앞으로 특목고와 자사고 인기가 조금 더 높아질 수밖에 없는 이유가 이해됩니다. 먼저 내신 성적 경쟁이 치열했던 이 학교들에서 오히려 내신 부담이 줄어들어 재학생의 심리적 부담도 작아집니다. 또 특목고와 자사고는 보통 다양한 교내 활동과 비교과 프로그램을 갖추고 있으며, 교내에서 논술 교육을 받거나 토론이나 면접을 자주 경험하기 때문에 고교학점제 도입 이후의 입시에서 유리한 점이 많습니다.

물론 일반고에 진학한다고 무조건 불리한 것은 아닙니다. 하지만 지금까지는 내신 경쟁이 치열한 특목고, 자사고보다 내신을 쉽게 딸 수 있었던 일반고의 이점이 점차 사라질 수밖에 없습니다. 일반고 출신 학생이 좋은 내신 성적을 받아도 비교과 역량이나 논술 및 면접 역량이 부족하면 최종적으로 대학 입시에서 합격하기 어려워질 수도 있습니다. 따라서 일반고 진학을 염두에 두고 있다면 최상위권 대학에 합격하기 위해 개인적으로 탐구역량과 독서역량을 기를 것을 추천합니다. 가능하다면 고등학교에 진학하기전에 논술이나 면접 경험을 충분히 쌓는 것이 좋습니다.

치열해지는 중위권: 3등급은 절대 금물!

고교학점제에서 상위권 대학 입시를 목표하는 학생에게 3등급은 너무 낮은 성적이 될 것입니다. 3등급은 사실상 중·하위권 성적으로 받아들여질 것이기 때문입니다. 5등급제로 바뀌면 누적 11~34%에 해당하는 학생이 2등급을 받습니다. 1등급까지 더해 누적 34%라면 전체 인원의 1/3에 해당합니다. 이 인원은 일반적으로 인서울 대학에 합격하는 학생 비율보다도 훨씬 많습니다. 그래서 앞으로는 내신 2등급대 학생은 중·상위권, 3등급대 학생은 중·하위권으로 평가될 것입니다. 실제로 내신 등급이 3등급 수준이라면 지금 기준으로는 거의 5~6등급 내신에 해당하기 때문에 사실상 인서울 대학에 입학하기 어려운 성적입니다. 따라서 중·상위권 대학 또는 인서울 대학 입학을 목표하는 학생이라면 반드시 2등급을 받아야 합니다.

이와 더불어 자신이 택한 학과, 전공에 맞는 학업역량을 강화하거나, 해당 과목 성적을 높여 수시 입시에서 경쟁력을 키워야 합니다. 2등급대 학생의 특징은 수능 성적과 내신 성적이 엇비슷하다는 점입니다. 이 경우에는 내신 성적이 부족하다고 포기하거나 당장 수능 공부에 매진하려 하기보다는 학생부 경쟁력을 더 끌어올려 수시 합격을 노려야 합니다. 수능 시험을 준비한다는 것은 곧 재수생과의 경쟁을 의미하기 때문에 아무래도 불리합니다.

학생부 경쟁력을 높이기 위해서는 교내 활동에 적극적으로 참여해야 합니다. 최상위권, 상위권 학생과 마찬가지로 나만의 개성, 우수한 역량이 돋보일 수 있는 개인 활동을 찾아내도록 노력해야 합니다. 꾸준한 동아리 활동, 학급활동 참여, 봉사활동이나 멘토링 활동 등도 여기에 포함됩니다. 혹은 코딩이나 발명, 예체능 활동, 독서 활동 등 애정을 갖고 착실히 나만의 역량을 발전시켜온 과정을 학생부에서 드러낼 수 있어야 합니다.

그렇다면 초등 시기에는 이러한 역량을 어떻게 준비할 수 있을까요? 먼저 학교 활동에 적극적으로 참여하고, 다양한 경험을 쌓는 연습을 해야 합니다. 동시에 선생님과 원활하게 소통하는 법을 배워야 합니다. 실제로 선생님은 학생의 특성을 파악하고 그에 맞는 활동을 추천해주는 교육자인 동시에 그 학생의 성취를 학생부에 기록하는 평가자이기 때문입니다. 학교에서 주어지는 기회를 최대한 활용하는 것부터 시작해 보기를 추천합니다.

04
고교학점제 맞춤형
전략 세우기

고교학점제 성공 키워드 1: 개인화 역량

지금까지 고교학점제의 다양한 측면을 살펴보았습니다. 그런데 이 모든 특징을 관통하는 하나의 핵심 키워드가 있습니다. 바로 '개인화 역량'입니다. 앞으로의 입시에서는 내가 어느 집단이나 고교, 지역에 속해 있는지 등과 같은 집단적 역량보다는 개인화 역량이 중요해질 것입니다.

같은 학교에 다녀도 학생마다 역량 차이가 크게 벌어지기도 합니다. 실제로 비슷한 내신 성적을 받은 학생끼리도 전체 학생부 내용은 천지 차이입니다. 비교과 역량이 아주 우수한 학생부터 전혀 그렇지 않은 학생까지 스펙트럼이 넓습니다. 고교학점제가 도입되면 학생마다 듣는 수업 교과목도 아예 달라지고, 자기만의 커리큘럼을 만들게 됩니다. 가만히 주어진 수업만 따라가려고 하는 학생보다 스스로 찾아보고, 선택하며 새로운 배움에 도전하는 학생이 입시에서 더 유리해지는 것입니다.

이와 더불어 입시에서 내신 반영 비율이 줄어들고 정성평가가 강화되기 때문에 학생부 역량을 개별적으로 평가할 가능성이 높습니다. 단순히 성적이라는 결과만으로 학생을 평가하는 것이 아니라 학생 한 명 한 명의 상황과 배경, 자질과 노력을 모두 감안하여 학습 과정 자체를 평가하는 것입니다. 이렇게 과정 중심 평가가 이루어질수록 입시에서 개인화 역량은 중요해질 것입니다.

고교학점제 성공 키워드 2: 맞춤형 입시 전략

그렇다면 구체적으로 개인화 역량은 무엇을 의미할까요? 개인화라는 말은 보통 마케팅에서 소비자의 관심사와 특성에 알맞게 서비스나 재화를 추천할 때 자주 사용됩니다.

이제는 교육계에서도 이러한 개인화가 점점 중요해지고 있습니다. 수능 성적에 따라 정시로 대학에 진학하면 점수에 맞춰 학교와 학과를 결정하니 개인화 역량이 필요 없습니다. 하지만 요즘은 원서를 쓰기 전에 미리 입시 목표를 세워놓고, 해당 대학 및 학과에 맞게 입시를 준비하기 때문에 개인화 역량에 따른 입시 전략이 더 중요해졌습니다.

입시 정보도 마찬가지입니다. 막연하게 '상위권 대학에 간다'는 목표가 아니라 구체적으로 어느 대학, 어느 학과에 가야 할지 목표와 이유가 뚜렷한 학생이 입시 성공에 유리합니다. 따라서 입시 정보를 모을 때도 구체적 목표와 연관된 정보를 우선해야 합니다. 대입뿐 아니라 고등학교 선택도 마찬가지입니다. 입시 목표가 분명한 학생은 학교 선택에 낭비하는 시간을 줄일 수 있습니다. 다른 학생이 학교를 고민하느라 시간을 허비하는 동안, 꼭 필요한 역량을 준비할 시간을 버는 것입니다. 초등 시기부터 입시 목표가 중요한 이유가 여기에 있습니다. 진로 방향과 목표 대학을 일찌감치 설정해야 시행착오를 줄일 수 있고, 준비할 시간을 확보할 수 있기 때문입니다. 오늘 걷지 않으면 내일은 뛰어야 할지도 모릅니다.

맞춤형 수시 전략 사례

컨설팅 현장에서 만나는 최상위권 학생은 입시 목표가 정말 구체적입니다. 수시 입시에서는 특히 더 그렇습니다. 예를 들어 의대 진학을 희망하더라도 그냥 의대가 아니라 서울대 의대, 가톨릭대 의대처럼 목표 대학이 분명합니다. 혹은 정신과, 외과, 소아과, 의공학자처럼 세부적인 전공 목표도 있습니다. 그래서 선택도, 준비도 모두 한 박자 빠른 것입니다.

사실 정시로 의대에 진학하는 것이 목표라면 출신 고등학교는 크게 상관이 없습니다. 학교 선택보다 사교육 인프라가 중요할 수도 있습니다. 대치동처럼 사교육 인프라가 잘 갖추어진 학군지의 입시 실적이 좋은 것은 학생의 출신 학교가 좋아서가 아니라 수능 성적이 좋은, 열심히 공부하는 우수한 학생이 많이 모여들기 때문입니다.

하지만 수시 목표가 서울대 의대 합격이라면 이야기가 달라집니다. 훨씬 개인화된 입시 준비가 필요합니다. 예를 들어 서울대 의예과로 입시 목표를 세우면, 수시로 해당 학과에 입학할 수 있는 전형은 딱 2가지로 좁혀집니다. 바로 지역균형 전형과 일반 전형입니다.

지역균형 전형은 각 학교에서 2명까지만 추천을 받아 지원할 수 있습니다. 따라서 내신 전교 1등을 할 수 있는 일반고에 진학하는 것이 단연코 유리합니다. 한편 일반 전형은 내신 성적과 상관없이 누구라도 지원할 수 있습니다. 하지만 면접에서 어려운 수학, 과학 문제를 풀어내야 하기 때문에 부담스러울 수 있습니다. 경쟁률도 지역균형 전형보다 일반 전형이 2배 이상 높습니다.

이렇다 보니 입시 목표가 구체적일수록 입시 전략도 구체화됩니다. 또 입시 전략이 구체화될수록 무엇을 준비해야 하는지도 명확해집니다. 이러한 개인별 입시 전략을 '맞춤형 로드맵'이라고 부릅니다. 대학 입학 전형은 각 대학 홈페이지에서 찾아볼 수 있습니다. 아직 수능이 멀게만 느껴지는 초등학생 자녀를 둔 학부모라도 한 번쯤 둘러볼 필요가 있습니다. 최근 경향을 파악하면 어떤 교육을 중시해야 하는지 맥을 잡는 데 도움이 됩니다.

맞춤형 정시 전략 사례

대치동에 살더라도 모두 내신 1등급을 받는 것은 아닙니다. 특히 암기에 약한 아이는 치열한 내신 경쟁에서 어려움을 겪습니다. 내신 시험을 망친 학생이라면 차라리 수시 대신 정시, 수능 시험을 준비할까 생각합니다. 물론 이 중에는 상대적으로 모의고사 문제를 잘 풀어내거나 수능에서 강한 경쟁력을 보이는 아이도 있습니다. 하지만 내신 성적이 안 나온다고 정시 성적이 잘 나오리라는 법은 없습니다. 이것은 전략이라기보다 회피에 가깝지요.

그런데 대치동 학부모 중에는 일찍부터 자녀에게 정시 공부를 시키는 분이 있습니다. 본인 자녀가 수시보다 정시에 더 유리할 것이라고 일찌감치 판단한 경우입니다. 아직 본격적으로 고등학교 내신 시험을 본 것도 아닌데, 이처럼 과감하게 결정을 내리는 것은 매우 드문 일입니다.

이렇게 할 수 있는 비결은 바로 입시에 대한 정확한 통찰력과 아이 역량에 대한 현실적인 진단 그리고 정시 위주 학습 과정을 설계하고 이끌어줄 수 있는 정보력입니다. 내신 시험은 상대적으로 암기가 중요하기에 평소 아이가 시험을 준비하는 자세와 암기력을 주의 깊게 관찰하면 유리한지 아닌지 알 수 있습니다. 뿐만 아니라 2달에 한 번 돌아오는 중간고사, 기말고사와 각종 수행평가를 대비해야 하기 때문에 꼼꼼하고 계획적인 성격의 아이가 유리한 측면이 있습니다. 아이의 성향과 기질을 종합적으로 고려하여 수시와 정시 중 무엇이 맞을지 가늠해봐야 합니다.

물론 둘 다 잘할 수 있으면 최고겠지만 소모적인 내신 경쟁에 휘말리지 않고, 수능 시험을 기준으로 과감하고 장기적인 입시 계획을 세우는 것이 현명한 결정이 될 때도 있습니다. 내신 공부와 달리 수능 공부는 암기력에 비해 탄탄한 개념 학습이 더 중요합니다. 여러 형태로 응용된 문제가 많이 출제되고, 난도 높은 킬러 문제도 자주 등장하기 때문입니다.

그리고 필요하다면 전문가인 컨설턴트의 판단을 참고하기도 합니다. 대치동 전문 컨설턴트들은 먼저 아이의 개별 역량을 진단하고, 그에 맞춰 학습 계획과 입시 계획을 수립합니다. 대치동에는 맞춤 전략에 따른 초등, 중등 학생을 위한 컨설팅, 자기주도식 코칭 프로그램도 다양합니다. 하지만 무엇이 됐든 핵심은 결국 개인별 학습 관리, 입시 관리 마인드입니다.

대치동 1%의 입시 전략

진짜 대치동 1% 입시 전략은 다른 사람이 어떤 결정을 내리는지 참고만 할 뿐 거기에 휩쓸리지 않습니다. 유행보다는 개인화 역량을 중시하며, 이를 바탕으로 나만의 강점을 극대화할 수 있는 차별화된 입시 전략을 세우고자 노력합니다.

진짜 대치동 1%는 최대한 시행착오를 멀리합니다. 하지만 혼자가 되는 도전을 두려워하지는 않습니다. 과감한 입시 전략을 위해 미리 여러 가지 경험을 쌓아가며 우리 아이에게 맞는 학습 전략과 계획을 세워놓습니다. 이렇게 얻은 경험과 노하우를 통해 입시의 진짜 마지막 순간에는 가장 효과적이고 효율적인 선택을 내리고자 노력합니다.

대치동에서는 형제간에도 다른 입시 전략을 세웁니다. 그래서 형은 수시로, 동생은 정시로 명문대 입시에 성공하는 경우를 자주 봅니다. 부모가 같고, 가정환경이 동일해도 개인 역량은 천차만별이기 때문입니다. 이 정도로 입시 정보를 정확히 해석하여 개인 역량에 알맞은 차별화된 입시 전략을 세우는 지혜, 통찰력이야말로 대치동 1%를 특별하게 만드는 원동력입니다.

★ ★ ★ ★ ★

3장

수능이 달라진다
: 2028 대입
개편안의 핵심

01
처음으로 본격화되는
문과, 이과 통합형 수능

대한민국 입시의 두 기둥

우리나라 입시 제도는 크게 수시와 정시로 나뉩니다. 수시는 내신 성적과 학생부 중심, 정시는 수능 성적 중심으로 평가가 이루어집니다. 따라서 올바른 입시 정보력을 갖추려면 반드시 이 2가지 핵심 기둥에 대해 알고 있어야 합니다.

앞 장에서 고교학점제 도입에 따른 학생부 관리 위주의 전략을 살펴보았다면, 이번 장에서는 2028 대입 개편안을 자세히 살펴보려고 합니다. 이를 통해 수능 시험 변화의 의미와 정시 입시의 변화 흐름을 이해할 수 있을 것입니다.

앞서 말했듯 2023년 교육계의 가장 큰 화두는 수능 시험 개편이었습니다. 지난 수능의 역사를 되돌아보았을 때 수능 시험이 한번 개편되면 향후 10년 이상 지속될 가능성이 높습니다. 따라서 현재 중학교 3학년인 09년생 자녀는 물론이고 초등학생 자녀를 둔 학부모도 개편된 2028 수능 시험을 관심 있게 지켜봐야 합니다.

고교학점제와 반대로 가는 2028 대입 개편안

고교학점제 도입으로 학생의 학습 자율성이 크게 높아진 것은 사실입니다. 그런데 수능 시험의 경우 오히려 고교학점제와 정반대 방향으로 변하고 있습니다. 2028 대입 개편안은 9등급 상대평가 방식이나 객관식 5지선다라는 기존 방식은 그대로 유지합니다. 하지만 시험 범위와 과목, 과목 선택 여부에서 큰 변화를 택했습니다. 바로 선택과목이 사라지고 공통과목 중심으로 시험 과목이 대폭 변경되는 것이 그 내용입니다. 통합형 수능은 우리에게 얼마나 큰 충격으로 다가올까요?

앞에서 설명한 대로 달라지는 2028 수능의 핵심은 결국 '통합형'이라는 것입니다. 통합은 선택의 반대말입니다. 앞으로 학생들은 수능 시험에서 과목을 선택할 필요 없이 모두 똑같은 문제, 똑같은 시험 과목을 대비해야 합니다. 그동안의 문과, 이과로 나누어진 공부 노하우나 수능 기출문제도 그대로 활용할 수 없습니다. 앞으로 어떻게 공부해야 할지, 문제는 어떻게 출제될지 아직 정해진 것도, 공개된 정보도 거의 없습니다.

02

2028 대입 개편안의 주인공 : 수학과 탐구

변화의 핵심은 수학과 탐구

2028 대입 개편안의 주인공은 '수학'과 '탐구'입니다. 여기서 탐구 과목은 사회와 과학을 모두 포함하니 사실상 수학, 사회, 과학 이렇게 3과목이 핵심인 셈입니다.

수학의 경우, 현재 수능 시험에서는 공통과목에 해당하는 《수학 I》과 《수학 II》를 기본으로 하고, 3개의 선택과목 《확률과 통계》, 《미적분》, 《기하》 중 1과목을 추가로 선택하여 시험을 치르고 있습니다. 보통 문과 학생은 《확률과 통계》를, 이과 학생은 《미적분》 또는 《기하》를 선택했지요. 하지만 앞으로는 《대수》, 《미적

영역		현행(~2027수능)	개편안(2028수능~)
국어		공통+ 2과목 중 택1 · 공통: 독서, 문학 · 선택: 화법과 작문, 언어와 매체	공통 (화법과 언어, 독서와 작문, 문학)
수학		공통+ 3과목 중 택1 · 공통: 수학Ⅰ, 수학Ⅱ · 선택: 확률과 통계, 미적분, 기하	공통 (대수, 미적분Ⅰ, 확률과 통계)
영어		공통 (영어Ⅰ, 영어Ⅱ)	공통 (영어Ⅰ, 영어Ⅱ)
한국사		공통 (한국사)	공통 (한국사)
탐구	사회·과학	17과목 중 최대 택2 · 사회: 9과목 한국지리, 세계지리, 세계사, 동아시아사, 경제, 정치와 법, 사회·문화, 생활과 윤리, 윤리와 사상 · 과학: 8과목 물리학Ⅰ, 화학Ⅰ, 생명과학Ⅰ, 지구과학Ⅰ, 물리학Ⅱ, 화학Ⅱ, 생명과학Ⅱ, 지구과학Ⅱ	· 사회: 공통 (통합사회) · 과학: 공통 (통합과학)
	직업	1과목: 5과목 중 택1 2과목: 공통+[1과목] · 공통: 성공적인 직업생활 · 선택: 농업 기초 기술, 공업 일반, 상업 경제, 수산·해운 산업 기초, 인간 발달	· 직업: 공통 (성공적인 직업생활)
제2외국어/한문		9과목 중 택1 · 제2외국어/한문: 9과목 독일어Ⅰ, 프랑스어Ⅰ, 스페인어Ⅰ, 중국어Ⅰ, 일본어Ⅰ, 러시아어Ⅰ, 아랍어Ⅰ, 베트남어Ⅰ, 한문Ⅰ	9과목 중 택1 · 제2외국어/한문: 9과목 독일어, 프랑스어, 스페인어, 중국어, 일본어, 러시아어, 아랍어, 베트남어, 한문 * 추가 검토안 10과목 중 택1 · 제2외국어/한문: 9과목 · 심화수학: 1과목(미적분Ⅱ+기하)

※ 음영 표기는 '절대평가' 적용 영역

2028 수능 과목 개편안(교육부, 2023)

분 I》,《확률과 통계》라는 공통과목으로만 수학 시험을 치르게 되고, 선택과목은 모두 사라집니다. 특히 이과 학생에게도 어려운 선택과목이었던 《미적분》과 《기하》가 아예 수능 수학 과목에서 빠지게 되었습니다.

탐구 과목도 기존 선택과목을 없애고 《통합사회》와 《통합과학》 단 2과목을 공통으로 시험 봅니다. 현재 수능 시험은 탐구 과목에서 사회 9과목과 과학 8과목, 총 17과목 중 2개 과목을 선택하여 시험을 보도록 하고 있습니다. 하지만 2028 수능부터는 단 2개 과목으로 통합된 사회, 과학 시험을 준비하면 됩니다. 어려운 선택과목 내용은 줄어들겠지만 대신 사회와 과학을 모두 공부해야 하기에 시험 범위가 크게 늘어났습니다. 이것이 2028 통합형 수능을 작지만 큰 변화라고 볼 수 있는 이유입니다.

공통과목 중심의 수학 시험이 끼치는 영향

수능에서 미적분이 출제되지 않는다는 소문을 들어본 적 있나요? 이 소문은 절반은 맞고, 절반은 틀립니다. 먼저 이 소문이 틀린 이유는 2028 수능 시험에는 《미적분 I》이라는 교과목이 출제 범위에 포함되기 때문입니다. 그렇다면 수능 시험에서 미적분이 빠진다는 소문은 왜 생겼을까요? 주로 이과 학생이 미적분을 심화해 배우는 《미적분 II》(기존 《미적분》) 과목이 시험 범위에서 배제되었기 때문입니다. 즉, 미적분이 아예 사라지지는 않되, 쉬운 내용만 다룬다는 것입니다.

이 같은 혼란이 생기게 된 이유는 바로 수학 과목의 이름 때문입니다. 실제로는 같은 내용을 다루는 과목이 2028 수능부터 이름만 바뀌는데, 특히《수학 Ⅱ》가《미적분 Ⅰ》로 바뀌는 점이 중요합니다. 이는 2028 수능부터 적용되는 2022 교육과정에 따른 변화입니다.

현재 적용되고 있는 2015 교육과정에서는 고등학교 1학년 때 공통과목으로《수학》을 배우고, 2학년 때 일반 선택과목으로《수학 Ⅰ》과《수학 Ⅱ》그리고《미적분》과《확률과 통계》를 배웁니다. 이 중에서 미분과 적분 개념을 처음 배우는 과목은《미적분》이 아니라《수학 Ⅱ》라는 과목입니다. 과목명만으로는 알 수 없지만《수학 Ⅱ》단원 목차를 보면 대부분 미분과 적분 내용으로 이루어져 있음을 알 수 있습니다.《수학 Ⅰ》과《수학 Ⅱ》는 사실상 문과, 이과 학생이 공통으로 배우기 때문에 문과 학생도 미적분을 배웁니다. 하지만 좀 더 어려운《미적분》과목은 이과생만 배우는 것이 2015 교육과정의 특징이었습니다. 이과 진로를 희망하는 학생이《미적분》을 배우는 동안, 문과 학생은《확률과 통계》를 선택하는 것이 일반적이었고, 수능 시험에서도 선택과목이 그렇게 나뉘어 있었습니다.

그런데 2028학년도 수능 시험부터는 2022 교육과정이 적용됩니다. 따라서 고등학교 1학년이 배우던 기존《수학》과목은《공통 수학 I, II》로 바뀌고, 2학년 때 배우는《수학 I, II》가 각각《대수》와《미적분 I》로 이름이 바뀝니다.

이 중《대수》에서는 수의 규칙을 배우는데, 함수와 수열, 구체적으로는 지수와 로그함수, 삼각함수 등이 여기에 속합니다.《미적분 I》에서는 미분과 적분의 기초 개념을 배웁니다. 다소 생소하기는 하지만 학습 내용을 과목 이름이 그대로 반영하고 있다는 점에서 더 직관적으로 바뀐 것 같기도 합니다.

《대수》와《미적분 I》은 앞으로 수능 시험에 포함될 공통과목입니다. 여기에《확률과 통계》도 공통과목으로 추가됩니다. 문과생 입장에서는 현재 수능 수학 범위에서 거의 변화가 없다고 볼 수 있습니다.

하지만 이과생은 다릅니다. 가장 어려웠던《미적분 II》과목이 시험 범위에서 빠지고, 대신《확률과 통계》를 새롭게 공부해야 하는 상황이기 때문입니다. 고교학점제 이전에 비해 체감 난도는 다소 낮아졌고, 새롭게 추가된 과목을 공부해야 하는 부담은 늘어났습니다.

수학 시험 공통범위에서 빠진《미적분 II》와《기하》를 심화수학이라는 선택과목으로 수능 시험에 일부 도입해야 한다는 주장도 있었습니다. 하지만 이 의견은 결국 반영되지 못했습니다. 많은 우려에도 불구하고 《미적분 II》가 처음으로 수능 수학 시험 범위에서 완전히 사라지게 된 것입니다.

대다수의 교육 전문가들이 앞으로의 수능 수학을 걱정하고 있습니다. 과목 구성만 보면 수학 공부의 깊이가 너무 얕아질 것으로 예상되기 때문입니다. 특히 수학과를 비롯해 이공계 관련 학과 교수들은 수능에서 《벡터》와 《기하》에 이어 《미적분 II》까지 빠지게 된 것이 결국 대학생들의 수학 실력 저하로 이어질 것을 우려하고 있습니다. 수능 시험에 나오지 않는 어려운 수학 과목을 고등학생들이 자발적으로 공부하지는 않을 테니 말입니다.

물론 수능 시험이 상대평가인 만큼 난도 높은 문제가 완전히 사라지는 것은 아닙니다. 분명 킬러 문제와 신유형 문제가 등장할 것입니다. 하지만 시험 범위가 줄어들고 어려운 심화 과목이 배제된 만큼 수능을 치를 학생들은 벌써부터 수학 공부에 대한 심리적 부담이 줄어든 듯 보입니다.

그래도 방심해서는 안 됩니다. 특히 이과생의 경우, 수능 시험에 나오지 않는다는 이유로 《확률과 통계》 공부에 소홀했던 학생이라면 이 부분을 새로 공부해야 하니 더 낯설 수 있습니다. 실제로 《확률과 통계》를 오히려 더 까다롭게 느끼는 학생도 많습니다. 결론적으로 문과, 이과 모두에 수학은 똑같이 중요하며, 더 긴 호

홉으로 바르게 공부해야 하는 과목임에 틀림없습니다.

수학 공부 마인드를 바꿔라: 기초부터 깊이 있게

시험 범위가 일부 줄어든 것과 별개로 수학은 앞으로 수능에서 더 중요한 과목이 될 것으로 보입니다. 문과, 이과 학생이 함께 경쟁해야 한다는 점에서 수학이 입시에 끼치는 영향이 더 광범위해졌기 때문입니다. 지금까지는 수학에 자신 없거나 '수포자'인 문과학생도 문과끼리의 경쟁이라면 상대적으로 해볼 만했습니다. 하지만 이제는 문과 학생이 이과 학생과 함께 경쟁하는 상황을 피할수 없게 되었습니다.

결과적으로 수학을 싫어하고 수학 실력이 부족한 학생은 지원학과와 상관없이 수능 시험에서 성적 순위가 밀릴 것입니다. 상위권이 수학으로 판가름될 만큼 경쟁 구도가 일원화될 수도 있습니다. 반대로 수학에 자신 있는 학생이라면 굉장히 좋은 기회일 수있습니다. 수학만 잘해도 수능 시험 상위권이 될 가능성이 높아질테니 말입니다. 일단 수학 응시 인원이 통합되면 수학 1등급 인원도 함께 늘어나기 때문에 기존 상위권 학생은 수학 1등급을 받기가 더 쉬워질 것입니다.

그러니 앞으로는 수학을 싫어하거나 못한다는 이유로 수학 공부를 피해서는 안 됩니다. 오히려 이과 학생과도 경쟁할 수 있을 정도로 기본기를 닦아야 합니다. 따라서 수학 교육의 중요성도 예전보다 더 커질 것으로 예상됩니다.

그렇다면 2028 수능을 준비하는 학생의 수학 공부는 어떻게 달라질까요? 먼저 선행 진도가 얼마나 빠른지는 중요하지 않을 것입니다. 당장 《미적분 II》와 《기하》가 수능에서 빠지게 되었으니 고등학교 2~3학년 수준의 수학을 선행할 이유가 크게 줄어들었습니다. 물론 이 과목이 내신 시험 범위에는 포함되겠지만 그마저도 5등급제로 등급 경쟁이 완화되기 때문에 수학 선행 속도도 훨씬 느려질 것입니다.

따라서 선행보다 중요한 것이 심화입니다. 출제자 입장에서는 제한된 범위에서 여러 응용문제를 출제하려면 기본 개념을 다양하게 변형하고, 결합한 문제를 낼 수밖에 없습니다. 수험생에게는 이러한 변형 문제에 포함된 기본적 수학 개념을 확실히 이해하고 풀이법을 떠올릴 수 있는 수학적 사고력이 필요합니다.

이를 위해서는 빠른 선행 학습보다는 기본기에 강한 수학, 수포자를 만들지 않는 바른 수학 교육이 중요합니다. 이것이 수학 공부 마인드가 바뀌어야 하는 이유입니다. 수학을 어떻게 공부해야 하는지는 2부에서 더 자세히 다루도록 하겠습니다.

03
통합으로 공부하는
사회와 과학

선택형 탐구 과목 학습의 부작용

문과와 이과가 서로 소통하지 못하고 거리를 두는 현상은 꼭 우리만의 문제는 아닌 것 같습니다. 영국 과학자이자 소설가인 찰스 퍼시 스노는 그의 저서 《두 문화》라는 책에서 인문학과 자연과학의 단절을 꼬집었습니다. 각자의 영역에 갇혀, 서로에 무지하고 무관심해진 지식인이 아예 소통조차 할 수 없게 되어버린 현실을 비판한 것입니다.

스노가 지적한 문과와 이과의 이분법적 대립은 우리나라 입시의 모습입니다. 초등학교 때부터 문과와 이과를 구분 짓고, 선택한 과목만 공부시키다 보니 이과생은 문과 과목을 모르고, 문과생은 이과 과목을 모르는 선택적 무지가 보편화된 것입니다.

특정 주제에 관해 무지하면 무관심하게 되고, 이 악순환이 반복되면 나중에는 소통은 물론 나아가 융합적 연구나 통섭도 불가능해집니다. 탐구 과목의 통합 없이는 무전공학과, 융합전공도 실현될 수 없습니다. 수능 탐구 과목이 통합형으로 바뀐 데는 이러한 배경이 있음을 짐작할 수 있습니다.

1장에서 살펴본 것처럼 수능 시험 초기에는 모든 학생이 사회와 과학 과목을 함께 공부해야 했습니다. 시험 과목 자체가 공통이었기 때문입니다. 그래서 과거에는 탐구 과목 준비 부담이 더 컸습니다. 대신 대다수 학생이 성인이 되어서도 사회와 과학 어느 쪽에도 완전히 무지하지는 않았습니다. 이공계 출신도 경제, 경영 및 정치를 이해했고, 문과생도 기본적인 자연과학 소양은 갖추고 있었습니다.

하지만 수능 시험에서 탐구 과목이 선택으로 바뀌기 시작한 2005년부터 배경지식의 심각한 불균형이 나타나기 시작했습니다. 학생 입장에서는 시간도 부족한데, 굳이 시험에도 나오지 않을 선택과목 공부에 시간을 낭비할 이유가 없었던 것입니다. 그 결과 마치 한자 교육이 사라짐과 동시에 학생의 문해력이 크게 낮아진 것처럼 탐구 과목을 선택적으로 공부하게 한 이후 배타적 과목에 관한 배경지식은 쌓지 못하게 되었습니다.

선택형 탐구 과목은 수능 국어 공부에도 영향을 끼쳤습니다. 학생들이 보통 가장 어려워하는 문제가 바로 수능 국어 비문학 문제입니다. 주로 사회과학, 자연과학이나 공학 주제의 제시문을 읽고 문제를 풀어야 하는데, 배경지식이 부족하니 독해가 쉽게 되지 않는 탓입니다. 특히 어려워하는 것이 경제나 철학, 물리학이나 유전공학처럼 전문용어가 많이 등장하는 제시문입니다. 이러한 비문학 문제는 결국 배경지식이 없으면 풀기 까다롭기 때문에 실제로 많은 국어 선생님이 국어 지식 외에도 경제나 철학, 법과 정치, 유전학과 양자역학, 생명공학과 인공지능 기술 같은 여러 분야의 배경지식을 설명해 주느라 수업 시간의 상당 부분을 소비하고 있습니다.

통합형 탐구 과목의 시대: 핵심은 스키마

이 같은 문제를 일으킨 선택형 탐구 과목 방식이 폐지되고 앞으로는 통합형 탐구 과목이 부활합니다. 거의 20년 만의 복귀입니다. 통합형 수능 탐구 과목은 고등학교 1학년 때 배우는《공통사회》와《공통과학》입니다. 사회와 과학을 골고루 공부하도록 교육 방향이 바뀌는 것입니다. 어쩔 수 없이 공부해야 하는 과목이 늘어난 것은 사실이며, 이공계 진학을 희망하는 학생도 사회 과목을 공부해야 할 이유가 생겼습니다. 물론 이공계로 진학하는 학생은 《통합사회》를 새로 공부하는 대신 《물리학 II》, 《화학 II》, 《생명과학 II》, 《지구과학 II》 등의 선택과목을 공부할 필요가 없어졌습니다. 문과 학생도 마찬가지입니다. 《통합과학》을 새로 공부하는 대신 《사회·문화》, 《윤리와 사상》, 《정치와 법》, 《한국지리》를 따로 선택해 공부할 필요가 없습니다.

조만간 수능 인터넷 강의 시장도 재편될 것입니다. 지금까지 어려운 선택과목 위주로 가르치던 사회탐구, 과학탐구 강사들이 앞으로는 《공통사회》과 《공통과학》 강의를 맡을 것으로 보입니다.

통합형 탐구 과목을 공부하는 데는 폭넓은 배경지식, 사회와 과학을 고르게 학습하는 균형 잡힌 스키마가 필수적입니다. 사회나 과학 중 어느 한쪽만 공부한 학생보다 양쪽 모두 공부한 학생이 수능에서 유리하기 때문입니다.

또 단순 암기형 문제보다는 개념을 다양하게 응용하는 사고력이 중요해질 것입니다. 이는 《통합사회》, 《통합과학》이라는 과목의 특성 때문입니다. 이 과목들은 사회, 과학의 각 선택과목을 깊이 있게 배우기 이전, 해당 과목의 기초 개념을 두루두루 학습하는 1학년 과정입니다. 그러다 보니 여러 선택과목의 개념이 함께 설명되는 경우가 많습니다. 따라서 문과, 이과 진로와 상관없이 수험생에게는 사회 개념과 과학 개념을 골고루 학습한 뒤 이를 혼합하

거나 응용하는 문제를 풀어낼 수 있는 융합적 사고 역량, 곧 균형
잡힌 스키마가 필요합니다.

스키마란 무엇인가?

그렇다면 스키마란 무엇일까요? 스키마는 일종의 '체계적인 배
경지식'이라고 말할 수 있습니다. 단순한 배경지식에 비해 파편화
되어 있지 않고 개념이 그물망처럼 서로 연결되어 있는 것입니다.
예를 들어 '수요와 공급', '시장가격' 같은 개념을 함께 알고 있으면
경제 기사를 읽을 때 '기회비용', '공유지의 비극' 같은 내용을 처음
배우더라도 훨씬 쉽게 이해합니다. 관련된 경제 개념의 확장과 응
용이기 때문입니다. 실제로 대부분의 학자, 작가가 독자의 스키마
를 당연하게 전제하고 글을 씁니다.

과학도 마찬가지입니다. 'DNA와 RNA', '원자와 분자' 같은 생
명과학 개념, 물리와 화학 개념 등을 정확히 알고 있으면 '크리스퍼
가위와 유전자공학', '양자역학과 고전물리학' 같은 주제를 다루는
제시문을 읽을 때 큰 도움이 됩니다. 반대로 이러한 개념을 모르면
과학 공부를 할 때뿐 아니라 비문학 제시문이 등장하는 국어, 영어
과목을 공부할 때도 어려움을 겪습니다. 이것이 스키마가 중요한
이유입니다.

그렇다면 스키마는 어떻게 학습할 수 있을까요? 스키마에는 아

주 중요한 특징이 하나 있는데 바로 '체계성'입니다. 초중고 교육과정을 분석해보면 사회, 과학 과목 학습에 필요한 최소한의 스키마가 대략 4000개 정도 됩니다. 이 스키마들은 유기적으로 연결되어 하나의 체계를 이루고 있습니다. 그래서 스키마는 개별적으로 학습하는 것보다 연결하여 전체적으로 학습하는 것이 좋습니다. 예를 들어 사회나 과학 과목의 스키마는 상위개념을 중심으로 묶어보기도 하고, 하위개념으로 세분화하여 마인드맵처럼 그림으로 표현할 수도 있습니다. 이것을 지식의 체계적 이해, 즉 스키마 학습이라고 부릅니다.

스키마가 부족하면 새로운 정보를 습득했을 때 기존 지식과 이를 연결하거나 정리하는 데 어려움을 겪습니다. 배경지식이 체계적으로 쌓이지 않고 휘발되어 사라지기 때문입니다. 체계적으로 학습한 스키마는 학습 효율을 높여줍니다. 앞으로《통합사회》,《통합과학》을 공부하려면 단순히 지식의 양을 강조할 것이 아니라 많은 양의 지식을 저장하고 처리할 수 있는 짜임새 있는 체계, 곧 스키마를 익혀야 합니다.

그렇다면 스키마는 주로 언제 형성될까요? 바로 초등학교, 중학교 시기입니다. 초등학교 3학년은 사회, 과학 교과목이 도입되어 스키마 학습이 본격적으로 시작되는 시기이며, 중학교 시기에는 스키마 확장이 주로 이루어집니다. 이때 스키마 학습이 부족하면 다음 단계의 수준 높은 지식을 학습하는 데 문제가 생깁니다. 탐구 과목은 수학과 마찬가지로 학습 체계성이 매우 높은 교과이기 때문입니다.

또 사회와 과학은 과목 특성상 단시간에 스키마를 학습하기 어렵습니다. 익혀야 할 개념이 많아 학습 시간이 오래 걸리기 때문입니다. 초등 시기부터 사회와 과학 영역의 스키마를 풍부하게 습득하기 위한 가장 효과적이면서 유일한 방법은 독서입니다. 앞으로 독서의 중요성은 더욱 커질 수밖에 없습니다.

간혹 시중에 나와 있는, 하루에 한 장씩 푸는 독해 학습지로 배경지식을 채우는 학습법에 관해 질문하는 학부모가 있습니다. 결론부터 말하면 문제 풀이식 학습은 스키마 학습 효율이 낮습니다. 단편적인 배경지식만 경험하기 때문입니다. 스키마는 맥락을 토대로 학습되므로 학습 내용을 인출할 때도 맥락이 중요합니다. 긴 호흡으로 각 개념 간 관계를 파악하며 습득한 스키마는 기억 속에 오래 머무릅니다. 따라서 학습지를 푸는 목적은 독해력 훈련과 문제 풀이 연습으로 국한하는 것이 바람직합니다. 배경지식을 체계적으로 넓히고 싶다면 독서에 시간을 투자하는 것이 훨씬 효율적입니다.

탐구 과목 공부 부담, 얼마나 늘어날까?

개인마다 차이는 있겠지만 탐구 과목 학습량은 대체로 늘어날 것입니다. 다만 시험 범위가 1학년 때 배우는 《공통사회》, 《공통과학》으로 한정되기 때문에 시간이 오래 걸리는 계산 문제나 지나친 암기력을 요구하는 지엽적인 문제는 걱정할 필요가 없습니다.

물론 오히려 더 어려운 문제가 출제될 것이라는 의견도 있습니다. 《통합사회》, 《통합과학》의 난도 자체는 낮아도 관련된 시사 상식이 다양하게 포함될 수 있으므로 처음 보는 사례가 등장할 가능성도 있기 때문입니다.

또 하나의 변수는 융합형 문제의 출제 가능성입니다. 《통합사회》와 《통합과학》은 하나의 단원에서 여러 가지 교과 개념을 통합적으로 학습합니다. 시험 문제도 《물리학》과 《화학》, 《생명과학》과 《지구과학》 중 2개 이상의 세부 과목 개념이 동시에 적용되는 융합형 문제로 출제될 수 있습니다. 사회탐구의 경우도 사회·문화와 윤리, 법과 경제 등의 주제가 혼합되어 출제될 수 있습니다.

따라서 탐구 과목은 신유형 대비가 필요합니다. 다만 아직 신유형의 예시 문항이 없기 때문에 기출로 공부할 수는 없습니다. 대신 스키마를 튼튼하게 준비할 것을 추천합니다. 뿌리 깊은 나무가 바람에 흔들리지 않듯이 스키마가 튼튼하면 여러 가지 변형 문제에도 충분히 대응할 수 있습니다.

04
통합형 수능, 어떻게 대비할까?

내신과 수능을 함께 잡는 입시 전략

수능 시험을 폐지하자는 주장도 있었고 논술, 서술형 평가를 도입하자는 주장도 있었지만 결국 어떤 의견도 반영되지 못했습니다. 이 점에서 객관식 상대평가라는 수능 시험의 본질은 변함이 없습니다. 파격적인 변화 대신 기존 제도 유지와 입시 안정성을 택한 교육부의 대입 개편안은 앞으로도 수능 시험이 한동안 중요한 역할을 담당할 것이라는 전망에 힘을 실어주었습니다. 어쩌면 수능의 중요도가 내신보다 커질 수도 있습니다. 학생들의 입시 전략과 학습 전략도 이에 따라 달라질 필요가 있습니다.

수시 입시는 흔히 내신 성적과 학생부로 결정된다고 알고 있지만 의외로 수시에서도 수능의 영향이 작지 않습니다. 바로 '수능 최저학력기준'(이하 수능 최저)이라는 요소 때문에 그렇습니다.

학생부전형은 크게 2가지 전형으로 나뉩니다. 내신 성적만으로 평가하는 '학생부교과전형'과 내신 성적 이외의 요소도 함께 종합적으로 평가하는 '학생부종합전형'이 그것입니다. 그런데 이 두 전형 모두 수능 최저라는 조건이 추가될 수 있습니다. 내신 성적과 학생부 내용이 훌륭해서 서류 평가를 통과했더라도 수능 시험에서 반드시 만족해야 하는 점수인 수능 최저를 맞추지 못하면 합격 자격을 얻지 못해 탈락하는 것입니다. 이렇게 수능 최저가 결정적인 역할을 하기 때문에 정시만큼은 아니더라도 수시에서 역시 수능은 중요합니다.

그렇다면 앞에서 설명한 고교학점제가 전면적으로 시행되면 수시에서 수능의 영향력은 커질까요, 작아질까요? 현재로서는 더 '커진다'는 전망에 한 표를 더하겠습니다. 수시 입시에서 내신 성적만으로 학생의 변별력을 확보하기가 어려워졌기 때문입니다.

이미 말한 것처럼 고교학점제 시행으로 내신 5등급제가 도입되었고 학생 간 내신 격차가 줄어들었습니다. 내신 격차가 줄어들면 내신 성적의 변별력이 약화되고, 같은 등급 안에 다양한 수준의 학생이 속하게 됩니다. 같은 2등급이라 해도 학생의 실제 실력 격차가 더 커지는 것입니다. 따라서 대학 입장에서는 내신 성적이 같은 지원자 중 더 우수한 학생을 변별해내기 위해 수능 최저도 함께 요구할 가능성이 높아 보입니다.

예를 들어 인기가 많은 의대 입시에서는 내신 1등급은 물론이고 수능도 주요 과목 1등급을 맞아야 하는 높은 수능 최저를 동시에 요구할 수 있습니다. 결국 최상위권이 되려면 내신만 잘해서는 안 되고, 내신과 수능 모두 잘해야만 한다는 뜻입니다. 상위권만큼은 아니지만 중위권 학생도 마찬가지입니다. 2등급대 학생도 동점자가 많아질 테니 대학에서는 학생 변별을 위해 수능 최저가 적용되는 범위를 더 확대할 가능성이 충분합니다.

결론적으로 우리나라 입시 변화의 트렌드는 '완화되는 내신 경쟁', '통합형 수능에서의 변별력 강화'로 요약할 수 있습니다. 앞으로 최상위권 기준은 내신 1등급뿐 아니라 수능 성적 1등급도 함께 목표할 수 있는 학생이며, 전략 역시 이를 준비하는 방향으로 바뀔 것입니다. 지금까지 약 10년간 암기 위주, 내신 중심의 선행 학습이 중요했다면 이제 내신뿐 아니라 수능을 함께 잡는 공부, 더 긴 호흡의 공부로 전환해야 함을 의미합니다. 내신이나 수능 어느 한쪽만 잘하는 학생의 선택지는 좁아질 수밖에 없습니다. 상대적으로 내신 위주의 공부만 준비했다면 재수생과 함께 경쟁해야 하는 수능 시험에서 점점 불리해질 것이고, 이는 정시뿐 아니라 수시에도 영향을 끼칩니다. 내신 중심의 학습법과 입시 전략은 그 유효기간이 얼마 남지 않았습니다.

대치동 1%가 바라보는 2028 대입 개편안

대치동에서도 이러한 변화를 감지한 움직임이 하나둘 나타나고 있습니다. 내신만 강조하던 학원이 내신과 수능 1등급을 동시에 목표하는 커리큘럼을 내세우고 있는 것입니다. 대치동 1% 학생은 쉬워진 내신 시험에 안주하지 않습니다. 오히려 수능도 1등급을 맞기 위해 더 고민하고 노력하기 시작했습니다.

무엇보다 통합형 수능에 대비하기 위해 수학과 사회, 과학 과목 공부 경향이 바뀌고 있습니다. 빠른 선행 진도 대신 심화를 중시하는 추세가 강화되고 있고, 중학생 때부터 탐구 과목을 미리 준비하려는 학생이 늘어나고 있습니다. 수능 공부는 내신에 비해 분량이 많고 학습 과정도 더 체계적입니다. 또 수능은 예상 문제를 암기하는 방식의 내신 공부와는 달리 개념의 응용과 확장이 중요합니다. 따라서 문제 풀이 위주의 학습보다는 깊이 있고 균형 잡힌 독서, 개념 학습의 중요성이 더 강조될 것입니다.

다음으로는 비교과 역량에 집중하는 경향도 있습니다. 어려서부터 다양한 탐구 활동, 심화 수업에 참여해온 학생은 특목고나 자사고 진학을 더 적극적으로 준비하는 분위기입니다. 실제로 내신

5등급제가 실시되면 하나고나 민사고(민족사관고등학교), 외대부고(용인한국외국어대학교부설고등학교) 같은 전국 단위 자사고 학생의 내신 부담이 크게 완화될 것입니다. 외고나 국제고, 지역 자사고도 마찬가지입니다. 그러면 당연히 이 학교들에 지원하는 부담은 크게 줄어들고, 인기는 높아집니다. 이러한 입시 명문고들은 면학 분위기가 우수하며, 학생의 다양한 활동을 지원해줄 인프라가 풍부하기 때문에 수시 입시에서 특히 유리합니다. 수능보다 비교과 역량 강화에 초점을 맞춘 학생에게는 특목고 입시가 중요한 화두로 떠오르고 있습니다.

★ ★ ★ ★ ★

4장

시험이 달라진다
: IB와 논·서술형
교육의 도입

01
미래 교육에 대한 고민

객관식 시험의 대안은 무엇일까?

입시 현실을 고려하지 않은 교육 개혁은 성공하기 어렵습니다. 학부모와 학생의 혼란과 부담만 커질 뿐입니다. 예를 들어 교육 현장에서는 수시와 학생부를 강조하며 내신 성적을 중시하는데, 입시에서는 반대로 정시와 수능을 확대한다면 학생은 혼란스러워합니다. 반대로 교육 현장의 준비가 부족한데 입시만 앞서 나가는 것도 문제가 됩니다. 입시 정보력 차이로 피해를 보거나 실력과 상관없는 우연한 요소로 입시 결과가 결정되기 때문입니다.

고교학점제 도입과 2028 대입 개편이라는 큰 변화가 교육과 입시 모두에 영향을 주는 것은 분명하지만 각각이 지향하는 방향에서는 여러 차이점도 있습니다. 그런데 흥미롭게도 전혀 바뀌지 않은 요소가 하나 있습니다. 바로 객관식 시험입니다.

물론 교육적 관점에서 객관식 시험에는 한계가 있습니다. 미리 정해진 정답을 외워 문제를 푸는 실력만을 측정하기 때문입니다. 그러다 보면 학생도 정답을 빨리 찾아내는 스킬에만 집중합니다. 뿐만 아니라 객관식 시험으로는 창의성과 비판적 사고력을 길러내기 어렵습니다. 고민하고 생각할 여유를 주지 않기 때문입니다.

반면 입시 관점에서 객관식 시험의 장점도 명확합니다. 객관식 시험은 표면적으로 가장 공정하고 경제적인 평가 방식 중 하나입니다. 성적에 대한 논란의 여지도 가장 적습니다.

하지만 인공지능이 등장하고 4차산업혁명 시대가 도래하면서 주입식, 암기식 교육에 대한 비판 여론이 거세지고 있습니다. 우리는 언제까지 아이들이 정답만 외우도록 가르쳐야 할까요?

이와 관련해 우리 교육의 미래에 구체적인 상상력과 대안을 제시해주는 새로운 교육 방식이 하나 있습니다. 바로 논·서술형 교육의 대표 주자이며, 최근 국내 시·도 교육청이 빠르게 도입하고 있는 IB(International Baccalaureate), 즉 국제 바칼로레아 교육입니다.

IB란 무엇인가?

IB는 논·서술형 교육과 평가 시험으로 이루어진 커리큘럼이자 입시 제도입니다. 미국 입시에서 주로 활용되는 AP 성적, SAT 성적과 비슷하게 해외 대학 입시에서 활용되는 공인 성적이기도 합니다.

1968년 스위스 제네바에 본부를 두고 있는 국제 바칼로레아 조직(IBO, International Baccalaureate Organization)은 세계 어느 나라에서나 통용될 수 있는 국제적 교육제도의 기준을 만들었는데, 이것이 IB의 시작이었습니다. 프랑스 대입 시험인 바칼로레아 시험과는 구분할 수 있도록 국제 바칼로레아, 즉 IB라는 이름을 붙인 이 시험은 수준 높은 커리큘럼으로 유명합니다. 실제로 해외 여러 나라에서 자국 입시 성적 대신 제출할 수 있을 만큼 공인되었으며, 국제적 경쟁력도 인정받았습니다. 지난 30년 동안 수능 시험을 중심으로 암기식, 주입식 학습, 객관식 시험과 상대평가라는 방식을 벗어나지 못한 우리나라 교육계에서도 얼마 전부터 일부 전문가가 주축이 되어 대한민국 교육의 미래를 혁신할 대안으로 IB를 손꼽고 있습니다.

IB 교육과정은 일반적으로 3단계로 나눠지는데, 초등 시기에 해당하는 PYP(Primary Years Programme), 중등 시기에 해당하는 MYP(Middle Years Programme) 그리고 고등 시기에 해당하는

DP(Diploma Programme)가 그것입니다. IB 학위를 취득하는 것은 고등 시기, DP에 해당하므로 이때가 가장 결정적인 시기라고 할 수 있습니다.

IB 학위를 취득하기 위한 DP 과정은 다시 6개 과목으로 세분화됩니다. 언어와 문학(국어), 언어 습득(영어), 개인과 사회(사회), 과학, 수학, 예술이 그것입니다. 예술을 제외하면 수능 과목과 유사합니다. 대신 IB 교육과정은 이 과목을 모두 논술과 토론으로 교육하고, 시험도 논술형 고사로 봅니다. 원래 유럽에서 만들어진 IB는 영어, 프랑스어, 스페인어를 공용어로 사용하지만 지금은 중국어, 독일어, 아랍어로 번역되기도 했고, 특히 일본에서는 IB 교육과정 전체를 일본어로 번역해 공교육에 도입하고 있습니다.

우리나라 공교육의 IB 도입 과정과 현황

우리나라의 경우 IB 도입 역사는 길지 않습니다. IB 교육을 대중적으로 알린 이혜정 교수의 《대한민국의 시험》이라는 책이 처음 나온 것이 2017년이고, IB를 한국어로 번역해 처음 도입한 것도 겨우 2019년부터였습니다.

가장 먼저 IB 교육을 도입하기로 결정한 곳은 대구교육청과 제주교육청이었습니다. 흥미로운 점은 이 결정을 한 두 교육청의 교육감이 흔히 말하는 보수 교육감과 진보 교육감의 대표로 정치적 성향이 정반대였다는 것입니다. 적어도 IB 도입만큼은 정치적 견해와 무관한 교육적 관점에서 일관되게 지지받고 있다고 볼 수 있겠습니다.

이후 두 교육청을 중심으로 수년간 관심 학교 및 후보 학교가 다수 운영되었고, 2021년 드디어 IBO 공식 인증을 받은 월드스쿨이 운영을 시작했습니다. 이 IB 학교의 교육과정을 모두 이수한 첫 졸업생들이 2023년 수능 시험을 치렀고, 얼마 전 대학 입시를 끝마쳤습니다. 제주 표선고등학교와 대구 경북대학교사범대학부설고등학교를 비롯해 IB 교육과정을 도입한 학교의 입시 성과는 당초 기대보다 우수하여 언론에서 큰 주목을 받기도 했습니다.

대구교육청과 제주교육청의 노력은 다른 시·도 교육청의 IB 도입 움직임에도 긍정적인 영향을 주고 있습니다. 현재 서울과 경기를 비롯해 여러 시·도 교육청에서 IB 도입에 속도를 내고 있으며, 2024년 4월에는 대구를 비롯한 서울, 경기, 인천, 충남, 전남, 전북, 제주 등 7개 시·도 교육청이 모여 '2024년 국제 바칼로레아 도입 및 운영에 대한 업무 협약(MOU)'을 체결하였습니다. 이 밖에도 공교육에 IB를 도입하려는 움직임이 가속화되는 지역이 속속 늘어나고 있습니다.

대구와 제주가 시범사업을 시작하고 IB 학교 공식 인증을 받아 첫 졸업생을 배출하기까지 약 5년의 시간이 필요했던 것을 감안해

보면, 고교학점제 도입 이후 첫 입시가 치러지는 2028년을 전후로 다른 시·도 교육청에서도 IB 교육의 성과가 나타날 것으로 기대됩니다.

02

입시와
IB 교육

IB 교육과 해외 대학 입시

사실 대구와 제주교육청이 IB를 도입하기 이전부터 이미 자체적으로 IB 제도를 도입해 운영해온 고등학교들이 있었습니다. 경기외국어고등학교와 충남삼성고등학교가 대표적입니다. 두 학교는 전체 학생이 아닌 신청자 대상으로 대략 25~30명 정도 학생에게 IB 교육을 실시하고 있는데, 보통 이 학급은 '국제반'이라는 이름으로 운영됩니다. 또 다른 국내 사례로 국제학교도 있습니다. 송도의 채드윅 국제학교, 제주의 브랭섬홀아시아 등이 대표적으로 IB 교육을 진행하는 국제학교입니다.

그런데 IB 교육을 받은 학생이 대부분 해외 대학 입시 준비를 준비하다 보니 IB 교육의 본질이 논·서술식 교육이 아닌 해외 대학 입시를 위한 귀족식 교육으로 오해를 받기도 합니다. 물론 IB 성적은 아직까지는 국내에서는 인정되지 않는, 해외 대학 입학을 위해 제출하는 국제적 시험 성적이지만 그렇다고 IB가 해외 입시만을 위한 교육제도인 것도 아닙니다. IB 성적을 받으려면 IBO가 인정하는 공식 학교를 졸업해야만 합니다. 따라서 IB 성적은 수능 성적인 동시에 학교 내신 성적 역할을 합니다. 여러 나라에서 공교육 제도로 인정받고 있다는 뜻입니다.

IB 성적을 공인 점수로 인정하는 미국이나 영국에는 이미 자국 입시 제도가 있습니다. 미국의 'AP(Advanced Placement) 제도', 영국의 'A Level'이라는 시험이 그것입니다. 마치 한국에 수능 시험이 있는 것과 마찬가지입니다. 그런데 이 나라들은 IB 성적도 자국 입시 성적과 똑같이 공식적으로 인정해 줍니다. 내신 성적인 동시에 수능 성적으로 말입니다. 그래서 우리나라 학생도 IB 성적을 받으면 추가 시험을 보지 않고서도 미국이나 영국 대학에 진학할 수 있는 것입니다.

종합해보면 IB 교육의 국내 도입이 국내 입시를 준비하는 대부분의 학생에게 직접 도움이 되지 않는다는 비판은 어느 정도 사실입니다. 실제로 IB 공식 인증 학교를 졸업한 학생이 국내 대학을 가려고 할 때 IB 성적을 제출할 수는 없습니다. 다른 학생처럼 일반적인 고교 학생부나 수능 성적을 제출해야 합니다. 힘들여 공부한 IB 성적이 국내 대학 입시에 활용되지 못하는 것 아니냐는 비판이 나오게 되는 대목입니다. 그렇다면 IB 교육을 받은 학생이 모두 해외 대학에 진학하는 것도 아닌데, IB 교육의 국내 도입은 어떤 이유에서 주목받고 있을까요?

IB 교육과 국내 대학 입시

먼저 교육 관점에서 IB 교육은 정답이 없는 교육, 스스로 사고하는 교육을 지향한다는 점에서 강점이 있습니다. 외부 지식을 암기하거나 주입하는 대신 스스로 찾은 나만의 생각을 표출해내는 수업을 지향하기 때문에 흔히 말하는 선진적 교육 방식임은 분명합니다.

그렇다면 입시 관점에서는 어떨까요? 먼저 논·서술형, 절대평가 시험을 치르는 IB 교육은 객관식 수능 시험과는 성격이 정반대입니다. 그래서 두 시험을 동시에 준비하기는 현실적으로 어렵습니다. IB 교육을 선택하려면 수능 시험을 포기해야 하며, 정시로 대학에 진학하기는 어려워집니다.

수시에서는 IB가 어떤 도움을 줄까요? IB 교육 과정을 도입한 국내 고등학교는 대부분 이중 학위를 수여합니다. IBO에서 인정하는 공식 IB 학위와 함께 우리나라 교육부가 인정하는 학생부도 함께 주는 것입니다. 학생들은 IB 성적과는 별개로 국내용 학생부로 국내 입시를 치릅니다.

얼핏 봐서는 비효율적인 것 같지만 IB는 수시 입시, 그중에서도 학생부종합전형과는 아주 궁합이 좋습니다. 학생부전형이 추구하는 인재상이 IB 교육 인재상과 일치하기 때문입니다. IB 교육은 특성상 학생의 생각을 꺼내고 발표하며, 토론하고, 나아가 자신만의 주제를 찾아 탐구하는 활동을 필수적으로 강조하는데, 이것이 현재 학생부종합전형이 지향하는 학업역량과 같습니다. 대표적으로는 자기주도성과 과정중심적 교육에서 보여준 학업역량, 문제해결능력과 지식활용능력, 공동체의식과 인성 등이 있습니다. 학생부를 동시에 작성해야 하는 선생님의 수고만 제외하면 학생 입장에서는 전혀 나쁠 것이 없습니다.

IB 교육과정을 이수한 학생은 자연스럽게 우수한 학생부 경쟁력을 지니게 되고, 수시에서 유리한 위치에 서게 됩니다. 쉽게 말하면 학생부 경쟁력이 일반고 수준을 상회하고, 특목고나 자사고, 영재고 수준과 경쟁할 가능성이 생깁니다. 학교 교육과정 자체가 자발적인 토론과 발표, 다양한 프로젝트 참여와 실험·실습을 통한 교과 학습, 심화 탐구와 자기주도적 연구 및 소논문 작성 등의 특화된 수업으로 이루어져 있기 때문입니다.

결론적으로 IB 교육은 분명 객관식 수능 시험과 정시 입시에는 도움이 되지 않지만 학생부종합전형으로 대표되는 수시 입시에서만큼은 경쟁력 있는 교육제도입니다. 실제로 올해 IB과정 첫 졸업생을 배출한 제주 표선고와 대구 경북대사대부고는 국내 입시에서도 학생부종합전형으로 서울대, 연세대, 포항공대 등 주요 명문대 합격생을 배출하는 우수한 성과를 거두었습니다. 또 IB 학위를 취득한 학생 중 일부는 미국과 영국에 위치한 해외 명문대학에 합격하는 입시 실적을 거두었다고 하니, IB 교육의 입시 성공 가능성은 충분해 보입니다.

03
IB 교육을 둘러싼
기대와 우려

공교육 경쟁력을 강화할 IB 교육

최근 국내 교육계에서 IB 도입이 중요한 화두로 떠오른 것은 고교학점제 도입 배경과도 무관하지 않습니다. 수시와 학생부종합전형을 강화하고, 논·서술형 교육, 토론 교육을 확대하려는 방향이 IB 도입을 이끈 문제의식과 일치하기 때문입니다. 앞서 살펴보았듯이 제주와 대구 이외에도 서울, 경기, 부산, 충남을 비롯한 주요 시·도 교육청에서 시범학교를 빠르게 늘려가고 있습니다. 정식 IB 학교로 인증받기까지는 시간이 오래 걸리겠지만, 시범학교 또는 후보학교만 되어도 교육 인프라가 질적으로 향상될 것이기 때문에 일반고의 입시 경쟁력 강화에 큰 도움이 되리라 기대됩니다.

고교학점제 시행 주체이기도 한 시·도 교육청이 동시에 IB 교육 도입도 빠르게 추진하는 것은 기본적으로 공교육 경쟁력 강화라는 공통의 목적 때문일 것입니다. IB 교육을 도입하면 해당 학교 학생뿐 아니라 이웃 학교, 관할 시·도 교육청 내 다른 초중고 학교와의 교류가 증가할 수밖에 없습니다. 특히 논·서술형 교육 모델을 기초로 토론 교육, 탐구 활동, 논리적 사고 훈련, 문제해결능력을 기르려는 고교학점제 모델에 활기를 불어넣는 자극제로써 IB 교육에 거는 기대가 큽니다.

이러한 교육적 효과는 무엇보다 일반고에 희소식이라는 점에 주목해볼 필요가 있습니다. 실제로 IB 도입 시범사업이 추진되고 있는 학교 대부분은 일반고, 공립고입니다. 국가 예산을 들여 시·도 교육청의 지원과 정책적 연구가 함께 이루어지기 적합한 학교가 일반고이기 때문입니다.

사립고나 특목고, 자사고는 학교 교육철학이나 운영원칙에서 자율성을 중시합니다. 그래서 IB 도입에 더 신중할 수밖에 없고, 자체적으로 학교의 입시 경쟁력을 확보하는 쪽을 더 선호합니다. 그리고 이미 IB를 도입한 경기외고와 충남삼성고 같은 특목고나 자사고는 자체적으로 IB 교육 등의 선진적 교육 프로그램을 수용할 수 있는 예산을 확보하고 있습니다.

하지만 일반고는 상황이 다릅니다. 상대적으로 예산과 교육 인프라가 부족한 일반고는 정부나 지자체 차원의 지원이 없다면 교육의 질을 향상하기 어렵습니다. 따라서 IB 교육 도입을 통해 특색 있는 공교육과 비교과 역량 심화로 교육 경쟁력을 강화할 수 있다면 장기적으로 일반고도 입시에서 좋은 성과를 낼 가능성이 높아질 것입니다. 고교학점제가 의도치 않게 고교 서열화를 부추긴다는 우려가 제기되는 이 시점에, 공교육의 IB 도입은 일방적인 고교 서열화를 막고, 일반고의 경쟁력을 강화할 수 있다는 순기능으로 주목받는 것입니다.

나아가 인구 감소로 지방 공교육의 경쟁력 약화가 우려되는 상황을 감안하면 지방에 거주하는 학생에게도 IB 도입은 반가운 소식일 수 있습니다. 지방 고등학교는 수도권에 비해 상대적으로 입시 정보가 부족하고 새로운 교육 프로그램 도입 기회가 적다 보니, IB 교육을 도입하면 새로운 자극과 동기 부여가 될 수 있습니다.

지방 고교의 입시 경쟁력이 강화되면 장기적으로 지역 인재 유출을 막고, 지방 교육 인프라를 강화하는 구심점이 될 수 있습니다. 이러한 노력이 없다면 아마도 고교학점제 도입 이후 우수한 인재가 서울 수도권과 학군지로 유출되는 현상을 막기는 더 어려워질 것입니다.

현실적으로 지방 일반고 학생이 수능 준비를 강화하고 정시 위주의 입시 전략을 세우기는 쉽지 않습니다. 차라리 고교학점제에서 학생부 경쟁력을 높여 수시 경쟁력을 키우는 것이 하나의 해법일 수 있습니다. 내신 변별력이 약화되어 일반고의 매력이 감소하는 현재 상황을 고려하면, IB 도입은 지방 공교육의 경쟁력, 특히 수시 경쟁력을 끌어올릴 활력 요소가 될 수 있습니다.

IB 교육 도입을 위해 필요한 변화

하지만 IB 제도 도입에 꼭 순기능만 있는 것은 아닙니다. 예상되는 여러 가지 문제점 가운데 현실적으로 지적되는 부분이 바로 예산 확보와 IB 수업 담당 교사 확충 문제입니다. 무엇보다 IB 교육은 IBO에 별도의 인증 비용을 지불해야 하며, 기존 교육과정에 추가되는 수업 준비 부담이 크기 때문에 교사의 많은 헌신이 필요합니다. 그리고 이를 뒷받침하는 재정적, 행정적 지원이 반드시 뒤따라야 합니다.

또 입시 제도 변화에 따른 학생들의 수능 준비 부담은 IB 교육 도입의 장애물이 될 수 있습니다. 이미 살펴본 것처럼 2028 대입 개편으로 수시에서도 수능 최저를 강화하려는 움직임이 나타나고 있으며, 수능 최저가 적용되는 학생부종합전형도 늘어나고 있습니다. 만약 수시 입시에도 수능 최저를 요구하는 전형이 늘어나면 IB 졸업생이 지원 가능한 입학 전형의 선택지는 더 줄어들게 되고, 이는 IB 교육을 선택하려는 학생에게 충분히 부담되는 일입니다. 따라서 IB 도입을 통해 공교육 경쟁력을 강화하고, 지방 교육을 혁신하는 성과를 거두려면 우리나라 입시에도 IB 성적이 직접 반영될 수 있도록 제도적 지원과 법적 근거가 마련되어야 할 것입니다.

물론 이렇게 대응하는 데 많은 시간이 필요하기 때문에 아직은 IB 교육 도입 전망에 불확실한 부분이 많은 것이 사실입니다. 하지만 주목할 만한 움직임도 일부 나타나고 있습니다. 대표적으로 교육부와 지역 내 국립대학의 행보가 눈에 띕니다. 얼마 전 교육부에서는 IB 교육을 이수한 졸업생의 국내 대학 입학을 지원하기 위해 수능 최저가 적용되지 않는 학생부전형을 국립대 중심으로 확대하겠다고 발표했습니다. 실제로 제주대학교는 수능 최저 없이 인기 단과대인 약학대학에 입학할 수 있는 학생부종합전형을 신설하겠다는 계획을 내놓기도 했습니다.

지역출신 인재를 먼저 선발하는 지역인재 제도의 확대도 IB 교육 확산에 도움이 될 수 있습니다. 지역인재 전형이 대표적으로 수능 최저가 없거나 아주 낮은 학생부전형이기 때문입니다. 수능 최저가 배제된 지역인재 전형 확대는 IB 교육을 도입한 지방 일반고의 입시에 큰 도움을 줄 것입니다.

마지막으로 가장 적극적인 방식인 입법 활동을 통해 변화를 모색할 수도 있습니다. 2023년에는 국내 대학 입시에 IB 성적 자료를 직접 제출할 수 있도록 허용하는 입법안이 발의되었습니다. 그렇게 된다면 IB 성적 자체가 학생부와 동일한 지위를 인정받아 국내 대학 입시에 직접 활용될 수 있습니다. 이미 오래전부터 IB 도입에 긍정적이었던 서울대, 연세대를 비롯한 최상위권 대학도 IB 교육을 이수한 학생이 입학 후 좋은 성과를 보인 것을 근거로 IB 교육 출신 학생을 적극적으로 선발하려는 움직임을 취하고 있기 때문에 IB 교육의 입시 성과를 계속 주목해볼 필요가 있습니다.

대치동에서 바라보는 IB 교육

재미있게도 사교육 1번지인 대치동에서는 IB 교육 도입 자체에는 관심이 그리 높지 않습니다. 대치동에는 이미 IB 교육이 지향하는 토론과 논술 교육이 일상화되어 있기 때문입니다. 꼭 IB 교육을 받지 않더라도 비슷한 수준의 토론과 논술 교육을 실시하고 있는 특목고, 영재고, 자사고 진학이 보편적 대안으로 기능하고 있는 것도 한 가지 이유입니다.

국내 입시에서 IB 교육은 아직 실험 단계에 불과합니다. 그에 비해 대치동 아이들은 이미 수시와 정시에서 강력한 경쟁력을 확보하고 있습니다. 특히 수능 실력에서 압도적인 성과를 보여주는 대치동 아이들의 우수한 학업역량을 고려할 때, 군이 IB 교육이 아니더라도 자신이 원하는 상위권 대학 진학이 가능한 준비를 나름대로 착실히 해나가고 있습니다.

적어도 IB 교육 도입에 관해 대치동의 관심은 아직까지는 크지 않고, 실제로 고교 선택에 큰 영향을 끼치지도 않습니다. 다만 내신과 수능, 2마리 토끼를 모두 잡으려고 노력하는 대치동 1%의 학생은 이미 IB 교육이 지향하는 우수한 논술, 토론 실력을 함양하고 있거나 목표하고 있는 경우가 대부분입니다. 이 점에서 대치동 1%의 교육과 IB 교육이 지향하는 목표가 다르다고 볼 수만은 없을 것입니다.

★ ★ ★ ★ ★

5장

초중고
입시 로드맵의 핵심

01
내 아이만의
입시 로드맵을 그리는 법

입시 로드맵의 기초

앞서 고교학점제와 2028 대입 개편안 그리고 IB 교육까지, 변화하는 교육과 입시의 흐름을 함께 살펴보면서 대치동 1%의 정보력은 어떻게 변화를 예측하고 대비하는지 알아봤습니다. 대치동 1%의 정보력이 입시 방향을 가르쳐주는 나침반이라면, 이제 이 나침반을 올려두고 내 목적지를 명확히 짚어볼 수 있게 해줄 지도가 필요합니다. 이것이 바로 '입시 로드맵'입니다.

대치동에서 입시 로드맵이라는 용어는 아주 흔하게 사용됩니다. 학생 개개인의 학업역량에 맞는, 일종의 맞춤형 입시 안내서입니다. 이번 5장에서는 정보력을 토대로 개인별 입시 전략을 세우는 방법을 설명하려고 합니다.

입시 로드맵은 어떻게 만들어야 할까요? 먼저 로드맵은 최대한 단순해야 합니다. 너무 많은 정보를 담으려고 하면 오히려 방향이 모호해집니다. 가지를 쳐내듯 과감하게 주변 정보를 생략할수록 입시 목표가 선명해집니다.

공부의 종류는 다양합니다. 특히 인생에 전반적으로 도움이 되는 공부와 입시에 구체적으로 도움이 되는 공부는 구분해야 합니다. 저는 입시에 직접적으로 관련된 공부로 한정해 입시 로드맵을 그릴 것을 추천합니다. 그러려면 직업이 아니라 대학, 학과를 목표로 삼아야 합니다. 즉, 진로와 진학을 구분해야 합니다. 진로는 정확히 예상할 수 없고, 변수가 너무 많습니다. 하지만 진학 문제는 비교적 단순합니다. 그래서 먼저 진학 목표를 구체적으로 정하는 것이 좋습니다.

진학 목표와 대입 목표가 어느 정도 세워졌다면, 그 목표를 달성하기 위한 성적 수준을 가늠해볼 수 있습니다. 막연하게 좋은 성적을 받고, 받은 성적에 맞춰 대학에 간다는 생각을 버려야 합니다. 오히려 반대로 생각해야 합니다. 특정 대학, 특정 학과에 합격하기 위한 성적 목표를 내신 성적, 수능 성적을 기준 삼아 구체적으로 정리해보는 것이 좋습니다. 그리고 그 목표를 달성하기 위해서는 어떤 고등학교, 중학교에 입학하는 것이 유리한지 합리적으로 따져봐야 합니다.

실제 지도를 그릴 때는 보통 축적을 사용합니다. 긴 거리를 짧게 줄여 표현하면 한눈에 전체 지역을 볼 수 있기 때문입니다. 마찬가지로 입시 로드맵에도 축적 개념을 적용하면 초중고 교육과정 12년을 비교적 간략하게 요약해볼 수 있습니다. 중요한 시기는 과감하게 강조하고, 그렇지 않은 시기는 대폭 축소합니다. 예를 들어 시기별로 챙겨야 할 디테일을 학년마다 모두 신경 쓰기보다 중요한 입시 타이밍 위주로, 입학시험을 기점으로 로드맵을 만드는 것이 좋습니다. 그러면 고3, 중3, 초6처럼 교육과정 자체가 크게 바뀌는 입시 시기가 강조될 것입니다.

다음으로 특정 시기를 묶어 크게 크게 그림을 그려봅니다. 먼저 취학 전이나 초등학교 저학년 시기에는 특별한 입시가 없습니다. 영어나 수학 학원 레벨테스트가 일종의 입시처럼 참고자료로 활용될 수는 있지만 이는 진짜 입시가 아니니 여기에 얽매일 필요는 없습니다. 진짜 입시는 중학교, 고등학교 입학시험으로 한정해야 하고, 최종적으로는 정말 중요한 대학 입시 시간표에 맞춰 로드맵을 그려야 합니다. 다시 한 번 말하지만 초등학생을 대상으로 하는 사교육 기관이나 학원의 레벨테스트 성적에 너무 연연하기보다는 마라톤처럼 전체 경주를 완주하기 위한 입시 로드맵을 그려야 합

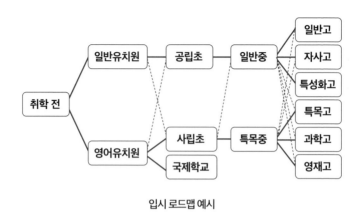

입시 로드맵 예시

니다. 지금 당장 앞서거나 잠깐 뒤처지는 것처럼 느껴지는 것은 걱정하지 않아도 됩니다. 진짜 입시는 생각보다 길고, 아직 본격적으로 시작하지도 않았습니다.

교육 십년지대계

교육은 백년지대계(百年之大計)라는 말이 있습니다. 국가 차원에서는 그렇게 생각할 수 있습니다. 하지만 우리 아이 교육 로드맵은 '십년지대계'로 생각해야 합니다. 초등학교 3학년부터 6학년까지 4년, 중학교 3년 그리고 고등학교 3년까지 총 10년간의 입시 로드맵이 중요합니다. 이 십년지대계를 그려보는 것이 입시 로드맵의 핵심입니다.

초등학교에서 중학교로 진급할 때 그리고 중학교에서 고등학교로 진급할 때, 마지막으로 고 3이 되어 대학 입학시험을 본격적으로 준비할 때가 전환점입니다. 이 결정적인 시기를 잘 보내기 위해서는 그 시점부터 거꾸로 입시 로드맵을 그려봐야 합니다. 예를 들어 고 3 시기를 제대로 보내려면 고 2 때 준비가 중요할 것입니다.

단순화한 입시 로드맵을 완성했다면 이후 추가되는 정보를 천천히 덧붙여 나가면 됩니다. 추가 정보는 대부분 선택적인 내용이기 때문입니다. 이렇게 하면 성공적인 입시 준비를 위해 꼭 챙겨야 할 것과 그렇지 않은 것을 쉽게 구분할 수 있습니다.

예를 들어보겠습니다. 초등학생이 가장 빠르게 접할 수 있는 입시는 영재원 입학시험이나 국제중학교 입학시험 정도일 것입니다. 하지만 그 인원은 아주 적을 테고, 대부분은 입학시험을 치르지 않고 일반 중학교에 입학할 것입니다. 그렇다면 영재원 입학시험이 모두에게 중요한 입시 로드맵 요소일까요? 당연히 아닙니다.

이 시기에는 기본적인 교과 학업역량을 강화하는 학습 로드맵이 중요합니다. 입시 로드맵은 단순하게 묶어 표현하고, 대신 국, 영, 수, 사, 과 5과목을 중심으로 독서 활동 계획이나 1일 공부 시간 계획을 구체적으로 세웁니다. 이러한 로드맵을 통해 부모는 자녀에게 복습의 중요성을 알려주거나 배운 내용을 확인하는 테스트를 준비해줄 수 있고, 아이 역시 스스로 학습하는 습관을 기를 수 있습니다.

중학생의 입시 로드맵

중학생이 되면 본격적으로 고등학교 입시를 생각하게 됩니다. 중 3은 보통 '예비 고 1'이라고 부릅니다. 이미 고교 선택을 끝마치고 대비하는 시기이므로 구체적인 입시 로드맵은 그 이전에 그려봐야 합니다.

먼저 어떤 유형의 고등학교에 진학할지 선택해야 합니다. 이 결정에 따라 고교 입시를 본격적으로 준비해야 할 수도 있고, 그렇지 않을 수도 있습니다. 보통 특목고와 자사고는 지원자의 학업 수준이 높고, 합격한 이후에도 내신 성적 경쟁이 치열합니다. 대신 교내 활동 인프라가 풍부해서 상위권 학생에게는 인기가 높습니다. 반면 일반고는 내신 경쟁이 상대적으로 덜 치열하기 때문에 평범한 학생도 마음만 먹으면 상위권을 노려볼 수 있습니다. 대신 면학 분위기가 잘 잡혀 있지 않거나 교내 활동의 다양성이 떨어져 아쉬움이 생길 수 있으니 주의해야 합니다.

만약 학생이 특목고, 자사고 진학을 희망한다면 적어도 중 2부터는 고입 준비를 시작해야 합니다. 중학교 내신 성적도 고교 입시에 반영되기 때문에 성적 관리도 더 철저히 해야 합니다. 독서도 많이 하고, 교내 활동에도 적극적으로 참여해야 합니다. 중학교 시절 학생부를 특목고, 자사고 입시에 제출해야 하기 때문입니다.

한편 일반고 진학을 희망한다면 중학교 내신 성적 자체보다는 올바른 공부법을 익히는 데 더 노력해야 합니다. 시행착오를 겪더라도 혼자 공부하며 성적을 관리하는 습관을 길러야 합니다. 중학교 1학년 때는 시험이 없거나 있어도 간헐적으로 보기 때문에 공부하는 자세가 느슨해질 수 있습니다. 따라서 중학교 1학년까지는 초등학교 시절 부족했던 교과목을 보완해 기본기를 탄탄하게 만들 것을 추천합니다. 여유가 있다면 본인만의 강점을 살리기 위해 코딩이나 논술, 예체능 과목 중 하나를 선택하여 추가 역량을 개발하는 것도 좋습니다.

고등학생의 입시 로드맵

고등학생의 입시 로드맵은 1학년, 2학년, 3학년 로드맵을 구분해서 이전 시기보다 훨씬 촘촘하게 그려야 합니다. 이 시기 가장 중요한 것은 역시 내신 성적입니다. 하지만 내신 성적을 결과적으로 해석해서는 안 됩니다. 보통 정시는 수능 성적이 나온 뒤에 원서를 쓰지만 수시는 거꾸로 접근해야 합니다. 입시 목표를 먼저 세워두고, 그에 맞는 성적을 달성하는 방식으로 준비해야 합니다. 만약 목표하는 대학에서 요구하는 내신 기준보다 성적이 부족하다면 탐구 활동이나 동아리 활동 등 부족한 내신 성적을 보완할 활동이나 역량을 준비할 수도 있습니다.

그렇기 때문에 희망하는 대학, 학과는 고등학교 입학 이후 되도록 빠르게 정하는 것이 좋습니다. 너무 확정적인 의미를 부여하기보다 일종의 이정표로 생각하고 구체화하기를 바랍니다. 실제로 대학 입시 전형도 이미 어느 정도 결정되어 있어서 대학이나 학과를 정하면 지원할 전형에 맞춘 대비 전략도 더 구체적으로 세울 수 있습니다. 예를 들어 내가 지원하려는 대학의 입시 전형에 수능 최저나 논술, 면접시험 등이 포함되어 있다면 일찍부터 이를 대비할 수 있습니다.

여기까지가 우리 아이의 성공적인 입시를 위한 입시 로드맵, 교육 십년지대계의 큰 그림입니다. 한 페이지 정도로, 마치 한 편의 소설을 적어보듯 우리 아이의 시기별 입시 목표를 적어가다 보면 어느새 더 공부해야 할 부분, 정보가 부족한 부분, 앞으로 차근차근 갖춰야 할 역량 등이 무엇인지 대략 그려집니다. 나침반과 지도가 준비되었다면 이제는 여행을 떠날 일만 남았습니다.

02
초등
: 바른 공부 습관 만들기

학습 진도보다 중요한 것은 학습 정서

초등학교 저학년 시기에는 앞서 말했듯 영어학원 레벨테스트나 사교육 기관 입학시험이 입시처럼 중요하게 다가옵니다. 오죽하면 7세 고시라는 말이 있을 정도입니다. 하지만 레벨테스트 수준과 대학 입시 결과는 큰 상관이 없어 보입니다. 물론 좋은 영어유치원에서 양질의 교육을 받는 것은 좋은 일이지만 유명한 영어유치원을 졸업했다고 수능 영어에서 1등급이 보장되지는 않습니다. 반대로 영어유치원을 다니지 않고서도 수능 영어에서 1등급을 받는 학생은 엄청나게 많습니다.

그렇다면 초등 시기에 정말 중요한 것은 무엇일까요? 바로 테스트 성적이 아니라 바른 공부 습관입니다. 바른 공부 습관이란 하루에 필요한 공부량을 적절한 시간 내에, 정해진 공간에서 끝마치는 공부 자세입니다. 꾸준하고 일상적인 공부 습관을 만드는 것은 본격적인 공부를 위한 토대를 다지는 작업입니다.

학원 스케줄을 꽉 채운다고 바른 공부 습관이 길러지지는 않습니다. 바른 공부 습관을 가장 먼저 기를 수 있는 곳은 가정입니다. 많은 학부모가 빠른 학습 진도나 선행 학습을 중시하는 경향이 있습니다. 하지만 이보다 중요한 것이 학습 정서입니다. 공부를 좋아하도록, 배움에 지치지 않도록 신경을 써주어야 합니다.

건강한 학습 정서를 길러준 아이는 배움에 열려 있고, 열의를 가집니다. 또 학습에 자신감과 성취감을 보입니다. 반면 지나치게 어려운 선행이나 과도한 숙제는 아이가 공부에 질리게 하고 자신감을 잃게 합니다. 적절히 어려운 과제, 소화할 수 있을 만큼의 숙제를 해결하며 성취감을 느낄 수 있도록 지도해야 합니다.

한편 아이에게 아무것도 시키지 않고 마냥 행복한 아이로 키우고 싶다면 현실적으로 입시 준비는 포기해야 합니다. 입시 결과는 아무 노력 없이 그냥 주어지지 않습니다. 지금 당장의 행복감을 느끼기 위해 인내하고 노력하는 법을 가르치지 않으면 나중에 벌어진 학습 격차를 따라잡기 어려워 좌절하게 됩니다.

균형감 있는 공부, 기초가 튼튼한 공부

10세부터는 본격적으로 입시 준비 마인드를 가져야 합니다. 이 시기에 학습한 내용이 수능이나 내신 성적의 기초를 형성하기 때문입니다. 물론 이때도 건강한 공부 습관 만들기는 여전히 중요합니다.

입시를 생각해보면 공부할 과목은 이미 정해져 있습니다. 수능 시험 기준으로는 국어, 수학, 영어, 사회, 과학 5과목입니다. 여기서 다시 과목별 시험 영역이 구체적으로 나눠집니다. 국어는 문법, 문학, 비문학으로, 영어는 듣기와 문법, 독해로 나눠집니다. 수학, 사회, 과학은 평가하는 영역은 동일하나 세부 과목과 난이도가 달라집니다.

결국 입시에서 좋은 성과를 거두기 위해서는 초등학교 시기부터 이 5과목의 학습 기본기가 잘 자리 잡도록 과목별 공부 시간을 적절히 안배해 투자해야 합니다. 아이는 보통 본인이 잘하는 과목만 공부하려는 경향이 있습니다. 부모도 그 부분을 주목하게 됩니다. 그러나 특정 과목에 편중되게 시간을 투자하면 결국 부족한 과목과의 편차는 더욱 벌어집니다.

장기적으로 보면 오히려 약한 과목, 부족한 과목에 꾸준히 투자하는 것이 성과를 내기 쉽습니다. 아직 60~70점 수준인 과목이 있다면 먼저 이 과목을 90점 이상으로 끌어올려야 합니다. 이렇게 하는 것이 잘하는 과목에서 90점을 100점으로 만드는 것보다 더 쉽기 때문입니다. 대부분 과목에서 90점 이상을 맞을 수 있다면 전 과목 100점을 목표로 공부해야 합니다. 많은 학생이 아예 포기한 과목, 취약한 과목 1~2개 때문에 전체 시험 평균 성적이 큰 폭으로 하락합니다. 한 과목은 100점을 맞고 나머지는 60점을 맞는 것보다 골고루 80점 이상 맞는 것이 결과적으로 유리합니다.

또 공부량 면에서도 바른 습관을 길러야 합니다. 단순히 공부량을 늘리기 위해 학원을 많이 다닐 필요는 없습니다. 오히려 학원 시간은 적당하게 줄이고, 그 시간에 스스로 공부한 내용을 소화하고 복습할 시간, 스스로 충분히 생각하고 이해할 시간을 확보해야 합니다.

대표적인 것이 독서 활동입니다. 독서를 하다 보면 모르는 내용이 많이 나옵니다. 당연히 질문도 해야 하고 생각도 해야 합니다. 그래서 독서에는 시간을 투자해야 합니다. 문제 풀이는 독서에 비해 상대적으로 패턴이 단순합니다. 반복 학습을 하다 보면 숙련도는 높아지지만 지식 확장이 크게 일어나지는 않습니다. 앞서 말한 스키마 확장을 위해서라도 독서는 필수입니다.

문제 풀이에서는 문제를 빨리 푸는 습관보다 정확하게 푸는 습관이 중요합니다. 문제를 빨리 풀어도 실수가 많으면 결국 최종 시험에서 낭패를 봅니다. 선행 진도를 따라잡느라 허둥지둥, 대충대

충 공부하는 습관을 배운 아이는 오히려 본격적으로 학습에 집중
해야 할 중학교 시기에 잘못 형성된 학습 습관을 고치느라 많은 시
간을 써야 할 수도 있습니다.

03
중등
: 잘 맞는 공부법과
고교 선택하기

공부하는 방법을 배우고 찾는 실험

중학교 시기 입시 로드맵을 그릴 때 가장 중요한 점은 바로 올바른 공부법을 배우는 것입니다. 일반적으로 좋은 공부법을 배워야 할 뿐 아니라 그중에서 내게 알맞은 공부법을 찾아야 합니다. 그저 공부를 열심히 하는 데서 그치지 말고, 성과를 더 잘 낼 수 있는 공부법을 찾아야 하는 것입니다. 이를 위해서는 공부 감각을 일깨워야 합니다. 남의 공부를 흉내 내는 것이 아니라 진짜 나를 위한 공부를 시작해야 합니다.

나만의 공부법을 찾으려면 먼저 여러 공부법을 경험해봐야 합니다. 학원을 비롯한 사교육은 이러한 자기주도적 공부에 도움을 주기도 하고 장애물이 되기도 합니다. 단순히 좋은 학원을 다닌다는 사실에 안주하지 말고, 그것이 나에게 어떻게 도움이 되는지 꼼꼼하게 따져봐야 합니다.

올바른 공부법을 익히려면 여러 가지 실험도 해봐야 합니다. 대표적인 것이 학원 도움 없이 혼자서 학교 시험을 준비해보는 경험입니다. 대형 학원이나 관리형 학원 시스템을 경험하면 최악의 결과는 면할 수 있을지 모릅니다. 하지만 그 학원 시스템이 상위권 성적을 보장해 주지는 않습니다. 특히 내 한계를 극복하도록 돕지는 못합니다. 시스템에 길들여지면 오히려 날카로운 공부 감각이 무뎌지는 경우도 있습니다.

공부 실험 1: 좋은 문제집 고르기

보통 교과 학습 방법과 관련해 학부모가 많이 하는 질문 중 하나는 좋은 문제집이나 강의, 교재를 추천해줄 수 있느냐는 것입니다. 저는 이 질문을 받으면 바로 학원에 가서 상담받기보다 인터넷 등을 활용해 다방면으로 정보를 알아보고, 학생 스스로 고민해 보도록 도와주는 것이 좋다고 말합니다. 중학생 시기에 혼자서 여러 가지 문제집, 참고서, 인강을 활용해 다양하게 공부하는 경험을 해보면 분명 나에게 잘 맞는 공부법, 문제집을 찾아낼 수 있습니다.

또 혼자 공부를 해보면서 선생님의 도움이 언제 필요한지 깨달아야 학원에 등록하더라도 학습 효과가 높아집니다.

그런데 막상 문제집을 고르려고 하면 종류가 너무 많고, 새로운 문제집이 끊임없이 나오기 때문에 어떤 것부터 공부해야 할지 고민스럽습니다. 먼저 가장 기본적으로는 학교 교과서의 출판사를 파악하여 그 출판사에서 만든 참고서와 문제집을 사는 방법이 있습니다. 또 동네 서점 사장님의 조언도 큰 도움이 됩니다. 이분들은 지금 주변 학교에서 어느 참고서가 인기 있는지, 어떤 문제집이 어려운지 대략적으로 알고 있습니다. 유튜브에도 문제집 리뷰 영상이 많으니 마음만 먹으면 정보를 구하기는 전혀 어렵지 않습니다.

문제집은 개념, 유형, 심화 순으로 고르면 되는데, 사실 기본 개념서의 경우는 아이들이 보는 대표적인 문제집이 정해져 있으니 이를 참고하면 쉽습니다. 그다음으로 유형 문제집, 심화 문제집을 풀어야 하는데, 이때는 학생마다 선호하는 문제집 유형이 달라지므로 내 스타일에 맞는 문제집을 찾는 과정이 필요합니다. 예를 들어 응용문제를 풀 때도 개념 설명이 충실한 문제집을 좋아하는 학생이 있는가 하면, 유형 학습을 할 때 개념 설명이 너무 많으면 분량이 많아지니 그보다는 단순한 문제집을 선호하는 학생도 있습니다. 또 어떤 학생은 삽화나 보조 자료가 많은 문제집을 선호하는 반면 어떤 학생은 편집이 단순한 대신 문항 수가 많은 문제집을 선호하기도 합니다. 각자 스타일에 따라 선배나 선생님의 조언을 구하는 것도 도움이 됩니다.

공부 실험 2: 좋은 학원 선택하기

혼자 공부하는 데 한계를 느끼거나 공부를 이끌어줄 사람이 필요하다면 학원을 이용할 수도 있습니다. 학원 선택에는 정답도 없고 왕도도 없습니다. 대형 학원은 시스템이 좋아서 매력적이지만 개별 관리가 소홀할까 걱정됩니다. 반대로 소형 학원은 밀착 관리는 마음에 들지만 너무 우물 안 개구리가 될까 걱정됩니다.

대치동에 오면 고민은 오히려 더 많아집니다. 주변에 좋은 학원이 너무 많기 때문입니다. 유명한 학원은 성공담만큼이나 실패 경험담도 많습니다. 따라서 후기를 충분히 참고해볼 것을 추천합니다. 보통 맘카페나 지역 커뮤니티에서 학원 후기를 살펴볼 수 있습니다. 어떤 학원도 모든 학생에게 최고의 학원이 될 수는 없습니다. 다만 기본적으로 피드백이 꼼꼼하고, 자체 커리큘럼을 갖추고 있으면 좋습니다. 또 주기적으로 테스트를 통해 아이의 성과를 확인해주는 학원이 인기가 높습니다.

대형 학원이라고 꼭 좋은 것은 아닙니다. 대치동에서도 동네 교습소를 적절히 잘 활용하는 부모가 생각보다 많습니다. 직접 상담을 받아보며 선생님 스타일과 열정, 학원 분위기를 파악해보는 것이 좋습니다.

입시 설명회나 학원 설명회에 다녀보는 방법도 있습니다. 이때도 가능하다면 선생님과 직접 이야기를 나눠보며 교육관, 학생을 대하는 태도 등을 직접 확인해보는 것이 좋습니다. 특히 학원 규모가 클수록 우리 아이가 만날 선생님이 어떤 분인지 미리 알기 어려운데, 아이는 선생님에 따라 학습 태도가 달라지기 때문에 우리 아이의 부족한 점을 잘 이끌어줄 수 있는 선생님인지, 책임감 있는 선생님인지 미리 확인해보고 학원에 보내는 것을 추천합니다.

공부 실험 3: 혼공 실력 키우기

무엇보다 중학생 때는 학원을 다니지 않고 혼자 공부할 수 있는 실력을 쌓아야 합니다. 이를 보통 '혼공'이라고 합니다. 학원을 다니던 아이가 처음 혼공을 하려고 하면 무엇부터 해야 할지 몰라 막막해합니다. 하지만 그 막막함을 극복하며 스스로 공부할 수 있는 진짜 실력을 쌓아야 합니다.

실제로 고등학생이 되면 시간이 부족해 모든 과목을 학원에서 공부할 수 없습니다. 그때 가서 부족한 혼공 실력을 안타까워하는 것은 늦은 후회입니다. 나이가 조금이라도 어릴 때 혼공 실력을 키워놓아야 합니다.

혼공을 하다 보면 불안감이 자주 생깁니다. 정말 제대로 공부하고 있는 것인지 걱정이 되기도 합니다. 그래서 혼공을 하더라도 정기적으로 테스트를 통해 실력을 점검해야 합니다. 필요하다면 사설 모의고사나 학원 레벨테스트에 참여하여 실력이 향상되고 있는지 점검할 수도 있습니다.

혼공이 익숙해졌다면 시험 준비도 스스로 하는 훈련을 해야 합니다. 시험 준비를 혼자 해보기 적합한 시기는 중학교 2학년입니다. 모든 과목은 아니더라도 자신 있는 과목부터 혼자서 시험을 대비해보면 배우는 것이 많습니다. 1학년 때는 시험을 보지 않거나 한 학기 정도밖에 보지 않기 때문에 시험 준비 습관을 형성하기에 부족합니다. 하지만 2학년이 되면 학교 시험이 한 학기에 2번씩 정기적으로 있어서 시험 준비 감각을 익히기 좋습니다.

방법은 단순합니다. 시험 범위를 확인하고, 진도에 맞춰 문제집을 풀고, 중요 내용이 정리된 프린트를 공부한 뒤 암기하고, 틀린 문제를 복습해서 집중 학습할 내용을 미리 정리해두고, 마지막으로 기출문제를 찾아 최종적으로 점검해보면 됩니다. 핵심은 이 모든 과정을 학원 도움 없이 스스로 해내는 훈련을 해보는 것입니다. 실수와 착오도 있겠지만 이를 토대로 나만의 공부 감각, 진짜 공부 실력을 기를 수 있습니다.

혼공 실험은 중학교 때 하는 것이 효과적입니다. 실수해도 만회할 수 있기 때문입니다. 중간고사 성적이 떨어졌으면 기말고사 때 충분히 만회할 수 있고, 절대평가이기 때문에 다른 학생과의 경쟁에 신경 쓸 필요도 없습니다. 혼공 실력이 없으면 고등학교에 가서 10% 이내의 상위권이 될 수 없습니다. 최악의 경우, 학원에 의존하는 공부 습관으로 겨우 만들어진 중학교 성적이 고등학교 입학 후 와르르 무너지기도 합니다.

소신 있는 고교 선택

중학교 시절에는 공부뿐 아니라 입시에 관해서도 여러 경험을 쌓아봐야 합니다. 고교 입시가 그렇습니다. 미리미리 정보를 모으고, 각 선택의 장단점을 충분히 비교해봐야 합니다. 보통 특목고나 자사고 진학을 고려하는 경우 가능한 한 입시 관련 정보를 많이 모으려고 노력합니다. 하지만 일반고에 갈 때도 마찬가지로 입시 정보가 필요합니다. 특목고, 자사고에 가지 못해서 일반고에 가는 것이 아니라 일반고를 선택했기 때문에 간다는 생각으로 입시 정보를 모으고 공부해야 합니다.

고입이라는 본격적인 입시의 첫 관문에는 생각보다 고려할 점이 많습니다. 3학년이 되어서 허둥지둥 고민하고 결정하는 것은 바람직하지 않습니다. 어떤 고등학교를 나왔는지에 따라 대입 경로가 아주 크게 달라질 수도 있습니다. 내가 내린 선택도 중요하지만 왜 저 학생은 나와 다른 선택을 하는지, 그 선택을 위해 어떤 준비와 노력을 기울이고 있는지 어느 정도 이해할 필요가 있습니다.

대치동에서는 보통 중학교 입학과 동시에 고교 입시 준비를 시작합니다. 먼저 1학년 때는 설명회에 참석하거나 '선배맘'과의 대화를 통해 정보를 모읍니다. 필요하다면 대입 설명회에도 참석해서 해당 고교의 입시 경쟁력이 어느 수준인지도 파악합니다.

2학년이 되면 고입 목표에 맞게 본격적으로 성적과 학생부를 관리합니다. 독서 이력이나 봉사활동 경험을 쌓고, 관심 있는 탐구대회에 나가거나 교내 동아리 활동에도 적극적으로 참여합니다.

3학년 때는 고입을 위해 자기소개서도 준비하고 면접도 준비해야 합니다. 대입 수준으로 치열하지는 않겠지만 그래도 제법 열심히 준비합니다. 최근에는 특목고, 자사고 인기가 높아짐에 따라 경쟁률도 조금씩 상승하고 있습니다. 그러다 보니 고입 설명회뿐 아니라 개인별 고입 컨설팅 수요도 늘어나고 있습니다.

고교학점제가 전면적으로 도입되고 나면 고교 선택 고민이 더 중요한 이슈가 될 것입니다. 출신 고교 역량에 따라 학생부 경쟁력이 크게 달라질 수 있기 때문입니다. 아직 고등학교에 입학해보지 않은 중학생 부모가 이러한 고민을 먼저 하기는 생각보다 어려울 것입니다. 그래서 유튜브나 관련 도서 등을 활용하여 좀 더 빨리 전문적인 입시 정보를 접하고, 경험담을 모아볼 것을 추천합니다. 누군가의 주관적 경험에 의존하지 않고 비교적 다양한 관점을 참고하며, 여러 정보를 모아 내 아이만의 입시 로드맵을 완성해가야 합니다.

04
고등
: 입체적인 입시 전략 세우기

내신 성적 관리하기

고등학교에 올라가면 많은 것이 달라집니다. 하지만 딱 한 가지, 내신 성적만큼은 잘 안 바뀝니다. 공부 역량이 대체로 중학생 때 결정되기 때문입니다. 실제로 학생이 고등학교에 입학하기 전이더라도 공부 역량과 희망 고등학교 수준을 보면 어느 정도의 내신 성적을 받을지 대략 가늠할 수 있습니다. 이를 바탕으로 나중에 어떤 입시를 준비해야 할지도 조언해줄 수 있습니다.

먼저 대부분의 고등학교에서 전 과목 1~2등급을 받는 최상위권 학생은 극소수이기 때문에 상위 10% 학생까지를 상위권이라고 볼 수 있습니다. 다음으로 내신 성적이 대부분 3등급 정도에 해당하는 학생을 중·상위권이라고 하며, 이들은 대략 상위 20%에 해당합니다. 3등급이라고 하면 성적이 그리 높지 않게 느껴질 수도 있지만 실제로는 상위 20% 이내에 해당하는 우수한 학생들입니다. 그다음 4등급, 5등급이 있는데, 과목별로 편차가 있겠지만 전 과목 성적이 평균적으로 4등급에 수렴하면 보통 중위권 성적으로 분류할 수 있습니다.

9등급제 내신 성적을 기준으로 인서울 대학 진학이 목표인 상위권, 중·상위권 학생은 보통 비슷한 수준의 내신 성적으로 입시 경쟁을 치릅니다. 2등급 수준인 상위권 학생의 목표는 역시 서울 소재 상위권 대학에 진학하는 것이며, 3등급 중·상위권 학생은 인서울 대학 합격을, 4등급 학생은 지방 명문대와 국립대를 목표합니다.

내신 성적은 높을수록 좋지만 꼭 1, 2등급이 아니더라도 포기해서는 안 됩니다. 오히려 비슷한 친구들과의 경쟁에서 조금이라도 좋은 위치에 서려면 마지막까지 내신 관리에 힘을 쏟아야 합니다. 내신 성적을 끌어올리는 데 한계가 있다면 차라리 다양한 교내 활동을 통해 학생부 역량을 높이거나 논술이나 수능 최저 등 다양한 입시 요소를 함께 준비해 최종 대입 시험에서 합격할 나만의 입시 전략을 세워야 합니다. 그 기초는 언제나 내신 성적입니다.

수능 시험 준비하기

그렇다면 수능 성적은 어떨까요? 수능 시험에서 성공할 가능성이 높다면 수능에 더 투자해야 할 것입니다. 그런데 시험을 보기도 전에 수시와 정시 중 어느 쪽이 더 유리할지 어떻게 알 수 있을까요? 수능 성적 역시 아직 고 3이 되지 않았더라도 어느 정도 예측이 가능합니다.

먼저 모의고사 성적을 참고해볼 수 있습니다. 하지만 모의고사는 어디까지나 모의고사일 뿐, 수능에서 정말 좋은 성적을 거둘 수 있을지 이것만으로 전망하기는 쉽지 않습니다. 이때 참고할 것이 바로 다니고 있는 고교 유형 또는 거주 지역 입시 경향입니다. 쉽게 말해 수시에 유리한 고교나 지역에서는 보통 내신 성적이 더 잘 나옵니다. 반대로 정시에 유리한 고등학교를 다니거나 그런 지역에 살면 수능 성적이 더 잘 나오는 경향이 있습니다. 이를 참고하여 아이의 미래 수능 성적 수준을 대략 가늠해볼 수도 있습니다.

내신 성적과 모의고사 성적의 격차, 경쟁력도 개인 역량뿐 아니라 지역 특성이나 고교 유형을 토대로 예측할 수 있습니다. 예를 들어 수시에 유리한 지방 일반고를 다니는 학생이라면 아마 고 3 수능 성적보다 내신 성적 평균이 높을 것입니다. 수능 공부를 열심히 할 만한 환경이 갖춰져 있지 않기 때문입니다. 반대로 서울 강남, 대치동 학생이라면 일반적으로 내신 성적보다 모의고사 성적이 좋으리라고 예상할 것입니다. 기본적인 학업역량도 우수하겠지만, 수능 공부에 집중할 수 있는 주변 환경이 잘 마련되어 있기 때문입니다. 따라서 이런 특성에 따라 자신이 더 경쟁력 있게 강화할 입시 전형에 집중하는 것이 좋습니다. 수능 준비 목표도 마찬가지입니다.

일반고 중위권 이하 학생은 일반적으로 수능보다는 내신 공부에 좀 더 집중할 필요가 있습니다. 특목고, 자사고, 강남 지역 고교 출신이 아니라면 정시보다 수시로 대학에 합격할 가능성이 높은 고교 유형에 해당하기 때문입니다. 그렇다면 내신 성적을 조금이라도 더 올리면서 수능 최저 기준을 맞추는 수준에서 정시 목표를 정하는 것이 바람직합니다.

하지만 1, 2등급 성적을 기대하는 상위권 학생이라면 수능 준비에 더 적극적으로 노력해야 합니다. 이들이 목표하는 대학은 대부분 높은 내신 성적과 수능 최저를 동시에 요구할 가능성이 높기 때문입니다. 흔히 생각하는 것처럼 내신 성적이 부족한 재학생이 수능에 집중하는 것보다는 반대로 내신 성적이 잘 나오는 학생이 수능 공부에 투자하는 것이 의외로 효과적일 수 있습니다. 물론 재수를 가정하지 않고, 현역 시절 원하는 대학에 합격하겠다는 전제하에서만 그렇습니다.

정해진 미래를 바꾸는 입시 전략

학생의 내신 성적과 수능 성적이 어느 정도 예상된다면, 남은 일은 그에 맞는 대입 전형을 찾아 합격 가능성이 높은 학과에 지원하는 것뿐입니다. 그러려면 대입 전형이 미리 결정되어 있어야 하는데, 다행히도 우리나라는 고등교육법에 따라 대입 전형을 3년 전에 미리 예고하도록 되어 있습니다. 중학교 3학년 때 3년 뒤 자신이 치를 대입 시험의 대략적인 정보를 미리 얻을 수 있다는 것입니다. 더 확정적인 계획도 입시 2년 전에 알 수 있습니다.

이렇게 내신 성적과 수능 성적도 어느 정도 예측할 수 있고, 대입 전형도 이미 결정되어 있다면 혹시 최종적인 입시 결과도 대충은 그려볼 수 있지 않을까요? 충분히 타당성 있는 생각입니다.

입시 결과를 미리 그려본다는 것이 운명론적인 결론을 의미하지는 않습니다. 지금 내 수준을 현실적으로 냉정하게 평가한다는 뜻으로 이해해야 합니다. 고등학생에게 필요한 입시 로드맵은 미래의 입시 결과를 바꿀 수 있는 전략의 시작입니다. 입시에 대한 근거 없는 기대, 막연한 낙관론은 오히려 비극적인 결말을 초래합니다. 현실을 직시하지 않으면 문제의식이 사라지고 남들처럼 공부하고, 남들처럼 입시 준비를 합니다. 이렇게 해서는 특별한 것도, 달라지는 것도 없습니다.

그렇다면 입시에서 변수는 어떻게 만들어낼 수 있을까요? 먼저 약점에 집중해야 합니다. 약점에 집중하는 일은 물론 괴롭습니다. 내가 못하는 부분을 들여다봐야 하고, 당장은 보람이나 성과도 없기 때문입니다. 하지만 약점을 보완해내면 차별점이 생기고, 도약할 기회가 생깁니다.

예를 들어 중학교 때 수학이 약점이었다면 고 3이 되어서도 수학이 약점일 것이고, 수학 성적이 낮아도 갈 수 있는 대학을 골라 진학해야 하기 때문에 입시에서 선택지가 좁아집니다. 하지만 나와 비슷한 수준의 학생도 수학을 힘들어할 테니 내가 수학 실력을 극복하면 입시에서 경쟁자보다 한 단계 위로 도약할 수 있습니다. 그리고 약점을 극복했다는 성취감과 자신감도 얻게 됩니다.

내신이나 수능 성적을 끌어올리는 데 한계가 있다면, 내게 꼭 맞는 전형을 골라 합격 가능성을 극대화할 수도 있습니다. 실제로 대입 전형은 종류가 매우 다양합니다. 일반적으로 내신 성적이 중요한 학생부전형, 수능 성적이 중요한 정시 외에도 논술이나 특기를 중요하게 평가하는 다양한 입시 전형이 있습니다.

재미있는 예를 들어보겠습니다. 경희대 태권도학과에는 논술 전형이 있었습니다. 태권도학과이지만 실기시험 없이 인문계열 논술 문제를 풀고 입학하는 전형입니다. 그런데 특이하게도 지원 자격에 태권도 2단(품) 이상의 단증 소지자여야 한다는 조건이 있었습니다. 논술시험을 보고, 실기시험은 없지만 단증은 있어야 하는 것이지요. 거꾸로 생각하면 지원자가 태권도 유단자일 경우에는 인문 논술 실력이 좀 부족해도 무려 경희대 태권도학과에 합격할 수 있는 것입니다. 실제로 이 전형은 실질 경쟁률도 그리 높지 않았습니다. 아쉽게도 지금은 사라져 버렸지만 이와 비슷하게 실기가 중요한 학과인데, 실기 없이 입학할 수 있는 학과와 전형이 아직도 많습니다.

이처럼 특이한 입시 전형을 잘 활용하려면 학생이 자신의 강점을 잘 파악하고 있어야 합니다. 태권도 실력은 부족해도 논술 실력이 상대적으로 좋은 학생이라면 이 같은 전형의 강점을 극대화할 수 있을 것입니다. 입시에서 최선의 성과를 내려면 나의 강점을 극대화할 수 있는 최고의 전형을 찾아내는 것이 매우 중요합니다.

물론 대입 전형은 종류도 많고 해마다 달라지기 때문에 학생이나 학부모가 모든 정보를 파악하고 선택할 수는 없습니다. 따라서 학교 선생님이나 교육청의 다양한 컨설팅 프로그램 그리고 입시 컨설턴트의 전문적인 도움을 받는 것도 합리적인 선택입니다.

2부

대치동 1%의
공부력

★ ★ ★ ★ ★

6장

반드시
합격으로 이어지는
공부의 비밀

01
대치동 아이들의
진짜 공부

공부란 배움이다

어쩌면 당연하다고 생각해서 놓치고 있는 중요한 부분부터 점검해 봐야겠습니다. 공부(工夫)란 학문이나 기술 따위를 배워 익히는 과정을 말합니다. 먼저는 배우고, 이후에는 배운 것을 내 것으로 만들어 몸에 익혀야 합니다. 이 원리를 꼭 기억해야 합니다.

공부를 잘하려면 첫째, 남에게 잘 배우는 법을 알아야 합니다. 쉽게 말해 강의를 잘 듣고, 선생님 말씀을 경청할 줄 알아야 합니다. 이러한 올바른 학습 태도가 자리 잡히려면 배움 앞에 겸손해야 합니다. 아는 척을 많이 하거나 모르는 것에 변명이 많을수록 배움이 어려워집니다.

올바른 배움의 핵심은 지식이 아니라 태도에 있습니다. 배우는 태도는 타고난 지능이나 기질이 아니며, 후천적인 노력으로 바꿀 수 있습니다. 물론 개인마다 공부하는 스타일이 조금씩 다를 수는 있지만 진짜 공부의 본질, 배움의 자세는 모두에게 동일합니다.

메이저리그에서 가장 주목받는 오타니 선수, 우리나라를 대표하는 축구 선수이자 영국 프리미어 리그에서 뛰어난 공격수로 인정받는 손흥민 선수는 모두 배움 앞에 겸손합니다. 대치동 최상위권 아이들도 마찬가지입니다. 대치동 1%가 보여주는 특징을 살펴보면 똑같이 공부해도 왜 누구는 탁월하고 누구는 그렇지 않은지 설명됩니다.

맑은 눈빛, 높은 집중력

배움의 자세가 잘 갖춰진 학생은 대부분 눈빛이 맑고 뚜렷하며, 얼굴에서는 밝은 빛이 납니다. 눈은 마음의 창입니다. 강의를 듣거나 교과서를 읽을 때 학생의 눈빛이 멍하거나 초점이 불분명하면 교사는 그 학생이 배움에서 마음이 멀어져 있다는 것을 금세 알아챕니다. 대학교 면접시험에서도 아무리 서류가 훌륭해도 학생 눈빛이 흐리멍덩하면 실력 없음이 금세 탄로 납니다. 좋은 눈빛은 배움에서 아주 중요한 자세입니다.

대치동 1% 아이들은 왜 수업 시간에 눈빛이 맑고 또렷할까요? 배움이 재미있기 때문입니다. 모르던 것을 아는 재미에 빠져드는 것입니다. 혹은 잘하고 싶다는 욕망이 있어 배움에 열의를 보이는 것입니다. 배움이란 본래 힘든 과정입니다. 그럼에도 배움을 원하는 인간의 본성은 그 괴로움을 견디게 합니다. 견디는 것에 그치지 않고 더 나아가면 재미를 추구하며 몰입하는 집중력도 길러집니다. 집중력은 공부 시간이 아니라 공부에 빠져들 때 느끼는 재미에 비례합니다.

그렇다면 어떻게 해야 아이를 눈빛이 맑고 집중력이 좋은 학생으로 키울 수 있을까요? 학습 정서가 그 핵심입니다. 배움이 부정적이고 강압적인 경험으로 각인되면 학습 정서가 무너지고, 배움에 열의를 보이지 않게 됩니다. 그렇다고 억지로 가르치지 않는다는 말을 아무것도 시키지 않는다는 뜻으로 오해해서도 안 됩니다. 배움에는 항상 가르침이 필수입니다. 다만 배움이 일종의 학습적 자극임을 기억하고, 학습 정서를 망가뜨릴 정도의 지나친 강도와 목표를 제시하는 것은 바람직하지 않다는 원칙을 기억해야 합니다.

물론 아이마다 다르긴 하지만 학습 정서를 망치지 않는 적절한 학습 자극 수준을 찾아내는 것은 어렵지 않습니다. 관찰과 상호작용의 원리를 활용하면 됩니다. 일정한 학습량을 던져주고 그냥 문제를 풀라고 시키는 것이 아니라 아이가 어떻게 문제를 풀고, 고민하는지 그 과정을 관찰하고 꾸준히 지켜봐야 합니다. 정말 고민하고 있는지, 아니면 어쩔 줄 몰라 쩔쩔매고 있는지 부모는 금세 파악할 수 있습니다. 이렇게 학습 정서를 관리하는 상호작용이 바로 배움의 맑은 눈빛을 유지하는 비결입니다.

공부할 준비를 마친 수용적 태도

자녀를 공부 잘하는 학생으로 키우고 싶다면 배움에 수용적인 자세를 길러줘야 합니다. 수용적 자세란 주의를 집중하는 훈련을 통해 타인의 말을 경청하고, 배움에 열려 있는 태도를 말합니다. 아이에게 당장 많은 지식을 넣어주는 것보다 더 중요한 것이 이 같은 배움의 자세를 익히게 하는 것입니다.

배움에 적극적인 학생, 새로운 지식에 열려 있는 학생은 당연히 선생님의 관심을 독차지합니다. 선생님과 소통을 많이 할수록 선생님과의 상호작용을 통해 배운 것을 오래 기억하게 되어 학습 효율이 높아집니다. 또 선생님이 강조하면서 설명한 중요한 내용을 그대로 흡수합니다.

글을 읽을 때도 선생님에게 배우는 것처럼 수용적 자세를 지니는 것이 중요합니다. 새로운 내용이 나오면 집중하고 궁금해하며, 기꺼이 알고 싶어 하는 열린 태도를 보이는 것입니다. 그러다 이해되지 않는 내용이 나오면 자연스럽게 앞뒤 문맥을 참고하여 혼자 생각도 해보고, 행간을 읽어내려 애를 쓰기도 합니다. 그래도 이해가 되지 않으면 선생님이나 주변 친구에게 물어보며 스스로 답을 찾고자 노력할 수도 있습니다.

수용적 태도의 반대말은 방어적 태도입니다. 부정적인 피드백을 너무 많이 받았거나 실수할 때마다 부모의 화난 얼굴을 마주해야했던 아이는 일단 평가 자체를 기피하게 됩니다. 어떤 피드백을 주어도 자연스럽게 방어적 태도로 튕겨냅니다. 처음에는 대놓고 저항하거나 거부하는 방식으로 밀어내다가, 나중에는 듣는 척하지만 실제로는 전혀 수용하지 않는 태도로 교묘하게 회피합니다. '말을 물가로 끌고 갈 수는 있어도 억지로 물을 마시게 할 수는 없다'는 속담처럼 학생이 방어적 태도를 보이면 가르치는 사람이 더 진이 빠집니다.

아이에게 수용적 태도를 길러주는 비결은 질문과 실수에 관대해지는 것입니다. 빨리 정답을 가르쳐 주기보다 아이 스스로 질문하며 답변할 수 있도록 자신감을 북돋아주는 것이 중요합니다. 아이는 의외로 답을 알면서도 자신감이 없어 답변하지 못할 때가 많기 때문에 충분히 기다려줘야 합니다. 어른이 재촉하면 아이가 스스로 생각해낼 수 있는 질문도 모른다고 둘러대는 법을 금세 익혀버립니다.

끈기 있게 공부하는 반복의 힘

공부는 습득입니다. 공부를 잘하려면 배운 내용을 능숙해질 때까지 반복해서 익혀야 합니다. 여기에는 예외가 없습니다. 머리로만 아는 것은 시험장에서 무용지물입니다. 아는 것을 자신의 언어로 표현할 수 있을 때까지 되풀이하며 숙달해야 합니다. 내 입으로 말하고 설명할 수 있는 것만이 진정으로 아는 것이며, 알면서도 입 밖으로 내지 못한다면 알고 있다고 느낄 뿐 진짜 아는 것이 아니라고 생각해야 합니다.

아이들이 진짜 알고 있는지 확인할 수 있는 효과적인 방법이 있습니다. 바로 '백지인출법'입니다. 강의에서 배운 개념이나 공식 따위를 복습하며 백지 위에 기억해낼 수 있는 만큼 적어보는 공부법입니다. 대치동에는 집에 칠판이 있는 아이들이 꽤 있습니다. 칠판에 자신이 공부한 내용을 다시 적으며 정리, 복습하는 것도 일종의 백지인출법입니다.

간혹 학생에게 오답을 분석하게 하면, 개념은 알고 있었는데 응용문제여서 틀렸다고 답하는 경우가 있습니다. 이것은 오해에 가깝습니다. 개념을 진짜로 안다는 말은 그것을 응용한다는 말과 사실상 같은 뜻이기 때문입니다. 응용을 할 수 없고, 문제에 적용할 수 없는 개념을 알고 있다면, 그 개념을 제대로 모르거나 잘못된 방식으로 공부하고 있는 것입니다. 단순히 개념의 정의를 외우고 있다고 해서 개념을 이해했다고 착각하면 안 됩니다. 개념을 완벽히 내 것으로 만들려면 반드시 반복해야 합니다.

물론 대치동에도 이 차이를 이해하지 못하는 학생이 많습니다. 예를 들어 한 학생이 물리 수업 시간에 중력가속도 개념을 배운 뒤 암기했다고 해서 그 개념을 정말 제대로 이해했다고 할 수 있을까요? 진짜 공부는 오히려 이때부터 시작됩니다. 개념을 이해했다면 이를 사례에 대입하고, 문제에 적용할 수 있어야 합니다. 중력가속도 개념을 활용하여 떨어지는 물체의 속도를 계산하는 문제를 다양하게 풀어보며 개념 이해도를 높여야 합니다. 어떤 문제를 가져와도 개념을 적용할 수 있는 수준이 되어야 비로소 개념을 완전히 내 것으로 만들었다고 볼 수 있습니다.

이 수준이 되면 개념의 힘을 경험하게 됩니다. 개념을 제대로 아는 것이 문제 풀이를 비롯해 어떤 공부를 하더라도 가장 기본이라는 것을 깨닫습니다. 개념 학습은 이렇게 정말 중요한 공부 감각이므로 가볍게 여겨서는 안 됩니다. 다시 강조하지만 공부는 배운 것을 완벽히 익힐 때까지 무수히 반복하는 과정을 통해 완성됩니다. 반복의 빈도와 강도는 개인마다 다를 수 있지만, 누구라도 반복적으로 훈련하면 습득력과 이해력은 반드시 향상됩니다.

질문하기 전에 스스로 생각하는 힘

공부하는 법을 모르는 학생은 어려운 내용이 나오면 질문부터 합니다. 스스로 고민해 보려고 노력하지 않습니다. 그런데 고민 없이 질문만 하는 것은 진짜 공부에 별 도움이 되지 않습니다. 시간도 낭비되고, 오래 기억하지도 못합니다. 쉽게 얻었기 때문입니다.

하지만 진짜 공부하는 법을 아는 학생은 먼저 혼자 해결해 보려고 노력합니다. 문제를 풀 때, 학습한 개념이 어떻게 적용되는지 충분히 이해되지 않는다고 느끼면 오랫동안 고민합니다. 혹시 개념을 잘못 이해하고 있지는 않은지, 개념을 적용할 때 빠트린 조건은 없었는지 스스로 고민하며 해결해 냅니다.

고민 후에는 선생님을 찾아가 첨삭을 받기도 하고, 공부를 잘하는 친구를 찾아가 다양한 풀이법을 배울 수도 있습니다. 스스로 노력한 후에 남의 것을 배우면 내 공부가 한층 성장하지만, 고민 없이 질문을 던지면 남의 공부를 구경만 할 뿐입니다. 질문을 하는 이유는 같은 질문을 2번 하지 않기 위해서입니다. 정말 알 때까지 질문하는 공부가 진짜 공부이고, 진짜 공부는 누군가가 결코 대신 해줄 수 없습니다.

이것이 대치동 1%가 남다른 이유입니다. 이 아이들은 알 때까지 포기하지 않습니다. 그리고 완전히 내 것으로 이해할 때까지 노력합니다. 정말 단순해 보이는 원리지만 이것이야말로 대치동 1%

공부력의 비결입니다.

어쩌면 무의미할 정도로 넘쳐나는 학원 스케줄이나 숙제량은 진짜 공부와는 크게 상관없을 수도 있습니다. 진짜 공부가 무엇인지 배우기 위해 가장 먼저 해야 할 일은 진짜 공부가 아닌 것을 모두 내버리는 일입니다. 스스로 열심히 공부하고 있다고 착각하는 자아도취, 공부 때문에 나만 고생하고 있다는 자기연민은 하루 빨리 버려야 합니다. 진짜 공부는 남을 위해 하는 공부가 아니기 때문입니다.

02
가짜 공부의 특징

공부에 대한 오해가 공부를 망친다

보통 성적이 낮으면 부모는 아이가 공부를 열심히 하지 않아서 그런 것이라 생각합니다. 그런데 우리 주변에는 나름대로 열심히 공부하지만 성적이 낮아 고민하는 학생이 생각보다 많습니다. 왜일까요? 노력이 부족해서일까요? 아닙니다. 오히려 공부하는 방법이 문제일 수 있습니다. 아무리 열심히 공부해도 잘못된 방식으로 공부하면 좋은 성과를 거둘 수 없습니다.

제대로 된 공부법이 무엇인지 알기 위해서는 대치동 1% 학생의 공부에 초점을 맞춰야 합니다. 그리고 잘못 알고 있는, 공부에 대한 오해를 버려야 합니다. 부정확한 입시 정보 때문에 혼란을 겪는 수험생처럼 공부를 오해하면 진짜 공부를 배우기 어렵습니다. 학생뿐 아니라 부모도 마찬가지입니다.

공부는 원래 재미없다는 오해

대부분의 학생이 온라인 게임은 재미있지만 공부는 재미없다고 생각합니다. 왜 그럴까요? 게임에 비해 공부는 노력에 즉각적인 보상을 주지 않기 때문입니다. 게임에서는 시간을 투자한 만큼 능력치가 올라가고, 어려운 미션을 쉽게 해결할 수 있는 스킬이나 아이템을 얻습니다. 능력치가 올라가면 다른 플레이어와의 경쟁에서 승리하고 더 큰 보상을 받기도 합니다. 유명한 게임에서 높은 레벨을 차지한 아이는 주변 친구들의 부러움을 한 몸에 받습니다. 게임은 이처럼 노력과 재능에 즉각적인 보상을 줌으로써 끊임없이 우리 뇌를 즐겁게 해줍니다.

실제로 게임을 하는 학생은 거기에 돈이나 시간을 많이 투자합니다. 게임을 즐기려면 게임을 잘해야 하는데, 그 실력은 그냥 얻어지는 성과가 아닙니다. 시간과 돈을 쏟아부으며 게임 레벨을 올리면 그것이 승률이나 능력치, 다양한 업적이나 아이템이라는 보상으로 되돌아옵니다. 이때 뇌에서 도파민이라는 신경전달물질이 분비되어 좋은 기분을 경험하고, 이후로는 게임이 재미있다고 느끼는 것입니다.

만약 게임에서 보상원리가 작용하지 않는다면 어떤 일이 생길까요? 당연히 게임이 재미없어질 것입니다. 노력 대비 보상이 없거나 적다면 누구나 게임을 계속하고 싶지 않을 것입니다. 게임 회사에서 가장 신경 쓰는 것도 바로 이 부분입니다. 게임이 너무 어렵거나 보상이 적으면 사용자가 게임에 흥미를 잃어버리기 때문에 게임 회사는 가장 유혹적인 난이도와 보상 수준을 결정하여 유저들이 게임에서 벗어나지 못하게 합니다.

만약 공부에서 보상을 경험하고, 이를 지속적으로 얻을 수만 있다면 어떤 일이 벌어질까요? 혹시 노력한 대가를 좀 더 빨리, 구체적으로 얻는다면 아이들이 공부가 재미있다고 느끼지 않을까요? 실제로 이것이 공부가 재미있다고 느끼게 하는, 그 결과 우리 뇌가 공부를 더 하고 싶게 하는 아주 중요한 비결입니다. 마치 게임 개발자처럼 공부를 디자인해서 뇌가 더 재미있다고 느끼게 만드는 것이지요.

공부가 재미없는 또 다른 이유는 단순히 공부가 어렵기 때문이라고 생각하는 사람이 많습니다. 과연 그럴까요? 온라인 게임에서 쉬운 적을 쓰러트리는 미션은 흥미를 유발하지 못합니다. 오히려 지루하지요. 강한 적을 쓰러트리는 것이 더 큰 쾌감을 선사합니다. 어려운 적을 물리쳤다는 사실은 그만큼 내가 강하다는 것을 입증

해주기 때문입니다.

아이는 공부가 어려워서 재미를 잃어버리는 것이 아니라 그 어려운 공부에 온갖 노력을 다했는데도 얻은 것이 없어서 재미를 느끼지 못하는 것입니다. 만약 어려운 문제를 성공적으로 풀어냈다면 오히려 더 큰 쾌감을 경험했을 것입니다. 하지만 대부분은 어려운 문제를 풀다 실패하면 저평가되거나 부정적인 피드백만 듣습니다. 이러한 경험이 반복되면 아이가 어려운 문제는 곧 재미없는 문제라고 생각하게 되는 것입니다.

사실 게임도 처음에는 진입 장벽이 있습니다. 초보 시절에는 맨날 지기만 하고, 플레이도 재미가 없습니다. 그런데 꾹 참고 버티다 보면 어느새 실력이 올라가 승률이 높아지고, 어려운 미션도 척척 해결해내는 달라진 내 모습을 발견하게 됩니다. 공부도 마찬가지입니다. 재미를 느끼기 전까지는 분명 진입 장벽이 있습니다. 그 장벽이 너무 높으면 부딪힐수록 도전 의식이 생기기는커녕 상처만 남고, 좌절감을 느낍니다. 이후에는 공부 때문에 우울감과 슬픔, 자존감 하락 같은 심리적 충격이 뒤따라오기도 합니다. 이 부정적인 감정에 대해 우리 뇌는 다음과 같은 교훈을 남겨줄 것입니다. 공부는 고통이니 가능한 한 도망치라고요.

공부가 재밌어지려면 바로 이 문제를 해결해야 합니다. 인간은 원래 배우는 것을 좋아합니다. 알고 싶어 하는 본능을 타고났기 때문입니다. 그 덕분에 인간은 끊임없이 성장하고 발전할 수 있습니다. 이는 인간만의 능력입니다. 그런데 우리 아이는 왜 공부를 싫어하게 됐을까요? 공부가 싫어진 아이에게 나타나는 가장 큰 특징은 바로 아이 스스로 자신은 공부를 못한다고 생각하는 것입니다. 공부를 못한다고 생각하니까 공부가 하기 싫어집니다. 공부가 하기 싫으니 당연히 공부를 더 하지 않고, 결국 성적은 더 떨어집니다. 이 악순환은 공부가 재미없다는 생각이 머릿속에 싹트기 시작한 순간부터 시작되었을 것입니다. 이러한 오해를 깨트리는 것이 공부에 재미를 붙이는 첫 순간입니다.

공부는 혼자 하는 것이라는 오해

공부는 다른 사람이 대신해줄 수 없습니다. 하지만 적어도 공부하는 방법을 가르쳐줄 수는 있습니다. 우리가 공부하는 방법을 어떻게 배워왔는지 생각해보면 의외로 혼자 공부한 시간보다 함께 공부한 시간이 많았다는 사실을 깨닫게 됩니다.

소크라테스 때부터 공부란 좋은 스승과 학우가 만나 함께 이루는 것이었습니다. 실제로 우리 교육 환경도 그렇습니다. 공부를 열심히 하는 면학 분위기 때문에 좋다는 학군지로 이사를 가기도 합니다. 어찌 보면 대치동은 좋은 성적을 받기에는 불리한 지역입니다. 잘하는 아이, 열심히 하는 아이가 너무 많아 경쟁이 치열하기 때문입니다. 그런데도 왜 수많은 학생이 대치동으로 모여들까요? 바로 그 공부하려는 분위기, 열심히 공부하려는 분위기가 지역 전체에 형성되어 있기 때문입니다.

공부는 혼자 하는 것이 아닙니다. 교실에서 배우고, 친구에게 배웁니다. 또 학원 강의실에서 만난 선생님에게도 배우고, 집에서는 부모를 통해서도 배웁니다. 공부는 함께하는 것입니다.

시험이 아이를 힘들게 한다는 오해

요즘에는 공부 환경이 예전과는 너무 많이 달라져 아이가 공부하는 방법을 스스로 깨우치기가 더 어려워졌습니다. 대표적인 것이 시험입니다. 부모 세대는 초등학교 때부터 학교에서 시험을 보며 공부하는 방법을 스스로 깨우칠 기회가 많았습니다. 시험 기간이 정해지면 학교에서는 다들 긴장하며 공부하는 분위기가 자연스럽게 형성되었습니다. 평소 공부를 안 하던 친구도 시험 기간에는 다른 친구 필기를 빌려 베껴 적으며 뭐라도 하려고 애를 쓰는 모습이 평범한 학교 풍경이었습니다.

하지만 지금은 교육 환경이 크게 달라졌습니다. 무엇보다 초등학교에서 일제고사가 사라졌습니다. 일제 식민지 교육의 잔재라는 비판도 있었고, 지나친 학업 부담이 아이에게 도움이 되지 않는다는 비판도 있었습니다. 결국 초등학교에서 중간고사, 기말고사가 사라졌고 이로 인해 아이에게 공부를 해야 하는 이유, 시험을 준비하는 감각을 가르칠 명분도 함께 사라져 버렸습니다.

요즘 아이들이 공부하는 방법, 공부하는 감각을 잃어버리게 한 중요한 원인 중 하나가 바로 시험의 부재입니다. 시험이 없으니 학생이 자기 실력을 점검할 수 있는 기회까지 잃어버렸습니다. 특히 초등학생은 공부 감각을 전혀 배우지 못하고 있습니다.

쉬워진 수업 내용은 상위권 아이의 지적 호기심을 자극하지 못하고, 학원에서 시험 범위부터 예상 문제까지 먼저 준비해 떠먹여 주는 공부에 익숙해진 아이는 더는 스스로 공부하는 방법을 깨우칠 이유가 없어졌습니다. 그런데 정작 중요한 고등학교 내신 시험, 수능 시험을 대비하려면 스스로 하는 공부법을 반드시 익혀야 하니 문제가 생깁니다.

중학생이 되어서도 공부에 대한 압박감이나 스트레스를 제대로 느껴보지 못한 아이가 갑자기 고등학생이 되어 치열한 상대평가 성적표를 받으면 이전에는 경험해본 적 없는 큰 충격을 받습니다. 심지어 학업 스트레스 때문에 정신과 상담을 받으러 가거나 우울증 치료제를 먹는 경우까지 생깁니다. 과연 초등학교에서 시험을 없애는 것이 현명한 선택이었을까요?

초등학교에서 시험이 사라진 것은 시험이 아이를 괴롭게 한다는 오해 때문일 것입니다. 아이가 시험 때문에 괴로워하니, 아예 시험을 없애버리면 아이가 다시 행복해질 것이라는 생각은 너무 순진한 발상입니다. 실제로 시험은 우리 삶에서 완전히 사라질 수 없습니다. 또 시험에는 순기능도 많습니다. 나의 부족한 점, 약점이 무엇인지 가르쳐 줍니다. 그만큼 성장 기회도 제공해 줍니다. 하지만 시험 자체가 사라지면서 어린 학생은 자신을 객관화할 수 있는 기회를 아예 상실하고 말았습니다.

03
공부력을 결정하는
6가지 핵심 요소

공부도 근육이다

독해력, 사고력, 창의력, 표현력, 문제해결력의 공통점은 '力(힘 력)'이라는 글자가 붙어 있다는 것입니다. 이 글자는 힘을 쓰는 근육을 뜻합니다. 즉, 독해력, 사고력, 창의력, 표현력, 문제해결력은 독해하는 근육, 사고하는 근육, 새롭게 창출하는 근육, 표현하는 근육, 문제를 풀어내는 근육입니다.

무거운 무게를 들려면 강한 근력이 필요합니다. 마찬가지로 어려운 문제를 풀어내려면 강한 공부 근육이 필요합니다. 공부에 꼭 필요한 근육을 '공부력'이라고 합니다. 근력이 너무 약하면 무거운 무게를 들어 올리는 훈련을 통해 근육을 단련해야 합니다. 마찬가지로 공부력이 약하면 꾸준한 훈련으로 이를 강화해야 합니다.

공부력이 약하면 남들만큼 공부량을 소화할 수 없고, 같은 내용을 공부하더라도 시간이 더 오래 걸립니다. 또 근력이 약한 사람이 무리하게 무거운 운동기구를 들어 올리려 하면 근육에 무리가 가고, 심하게는 뼈나 관절이 손상되는 것처럼 공부력이 약한 학생이 수준에 맞지 않게 무리한 공부를 하면 탈이 납니다. 그래서 공부 흐름이 무너지고 실천하지 못한 계획 때문에 좌절합니다. 결국 공부에 흥미를 잃고 공부를 싫어하게 됩니다.

그래서 공부력 수준을 아는 것이 중요합니다. 공부를 잘하고 싶은 학생은 먼저 내 공부력부터 파악해야 합니다. 공부력에 알맞은 공부 계획을 세워야 하고, 장기적으로는 공부력을 키워 더 높은 수준으로 도약하고자 노력해야 합니다.

공부 근육을 키우려면

보통 헬스장에 가면 먼저 인바디 검사를 합니다. 체성분을 분석하고 비만도 등을 측정하고, 체지방률과 근육량 비율을 비롯해 신체 부위별 발달 수준을 평가합니다. 이를 통해 겉보기와 달리 체지방이 너무 많거나 근육량이 부족하다는 등 눈에 보이지 않는 문제점을 찾아내기도 합니다. 또 내 신체에서 약점이 되는 부분이 어디인지 알게 되기도 하며, 그 부분을 집중적으로 강화하는 운동 처방을 받기도 합니다.

공부력도 마찬가지입니다. 공부 인바디 검사, 공부력 진단이 필요합니다. 겉으로 볼 때는 학원도 많이 다니고 공부 시간도 많아 보이지만 정작 공부력 수준이 형편없다는 진단 결과가 나올 수도 있습니다. 의외로 많은 학생이 자신의 공부력 수준을 제대로 알지 못하고 공부합니다. 그래서 실패하는 것입니다. 공부력 수준도 모르면서 공부를 그저 열심히만 하고 있다니요. 상대를 이기려면 나부터 알아야 합니다.

공부력 수준을 제대로 파악했다면 점차 공부력을 강화하려는 노력도 해야 합니다. 그 원리는 실제 우리 몸의 근육이 강해지는 과정과도 유사합니다. 먼저 무거운 물체를 들거나 당기면 근육이 감당할 무게 수준을 넘어서면서 해당 부위 근육이 찢어집니다. 그러면 놀랍게도 근육은 강해집니다. 찢어지고 파괴된 근육이 회복되는 과정에서 이전보다 더 두껍고 강한 근육으로 재탄생하기 때문입니다.

공부력도 마찬가지입니다. 공부력을 키우려면 아파야 합니다. 한계를 넘어서는 고통입니다. 하지만 한계를 넘어 공부를 반복할수록 공부력이 성장하는 것이 느껴집니다. 공부력 진단, 계획, 실행 그리고 평가를 반복하며 한계치를 계속 극복하다 보면 어느새 공부력이 한참 높아져 있을 것입니다.

공부력의 6가지 요소

공부력을 구성하는 핵심 요소는 총 6가지입니다. 공부 기초체력, 공부 책임감, 공부 현실감, 자기공부 계획력, 자기공부 실행력, 자기공부 객관화 능력이 그것입니다. 이 6가지 요소는 서로 연관되어 있으며, 첫 번째 요소부터 차근차근 훈련해야 합니다.

1요소: 공부 기초체력

첫 번째 요소는 공부 기초체력입니다. 공부 기초체력은 내 수준에 맞는 기초 학업역량을 의미합니다. 우리나라는 매년 국가 수준 학업성취도 평가를 실시하여 중·고등학생의 기초학력 상태를 점검하고 있습니다. 평가는 우수, 보통, 기초, 기초학력 미달의 4단계로 이루어지는데, 이 중 기초학력 미달은 학년 교육과정의 20%도 이해하지 못함을 뜻합니다. 2022년 기준 중학생 기초학력 미달 비율은 국어 6%, 수학 11.6%, 영어 5.9%로 수학이 다른 과목에 비해 2배 가까이 높게 나타났고, 고등학생 역시 비슷한 양상을 보였습니다. 비록 기초학력 미달 수준까지는 아니더라도 해당 학년의 학습 과정을 이해하고 따라가는 데 어려움을 느끼는 학생이라면 기본적으로 기초 학업역량이 부족한 경우라고 판단할 수 있습니다. 아래 질문을 통해 우리 아이의 공부 기초체력이 어느 정도인지 함께 진단해보길 바랍니다.

공부 기초체력 자가진단

아래 질문에 간단히 답해봅니다. 총 10문항 중 '그렇다'고 답한 문항이 8개 이상이라면 공부 기초체력이 좋은 편이고, 5문제 이하라면 부족한 편이라고 볼 수 있습니다. 학년마다 기초 학업역량 수준은 차이가 있으니, 학교에서 요구하는 수준이나 동년배의 평균 수준을 염두에 두고 답변하면 됩니다.

- 아이가 학교 수업을 잘 소화하나요?
- 아이가 교과서에 나오는 어휘 뜻을 대부분 아나요?
- 아이가 학년에 맞는 영어 문장을 잘 읽고 해석할 수 있나요?
- 아이가 영어로 문장을 쓰거나 짧은 글을 작문할 수 있나요?
- 아이가 수학 교과서의 기본 개념을 잘 이해하거나 설명할 수 있나요?
- 아이가 수학 익힘책 문제를 혼자 풀 수 있나요?
- 아이가 글쓰기를 잘하나요?
- 아이가 독서 활동을 잘하나요?
- 아이가 교과서 과학 지식을 잘 이해하나요?

• 아이가 시사 상식이나 사회 과목 어휘를 평균 수준으로 이해
하나요?

몸이 너무 망가져 있으면 치료도 운동도 할 수 없습니다. 허리
디스크 환자 중에는 아예 운동 자체가 불가능해서 누워만 있거나
통증이 최소한으로 가라앉을 때까지 안정을 취해야 하는 사람이
있습니다. 암 환자도 기초체력이 뒷받침되지 않으면 항암 치료를
받지 못합니다. 공부도 마찬가지입니다. 공부 기초체력이 미달 수
준이면 혼자 공부하는 것이 사실상 불가능합니다. 이 수준에서는
공부할 때 누군가의 도움이 꼭 필요합니다.

국어는 기초 어휘력과 문해력이 부족한 경우가 여기에 해당하
며, 수학은 주요 개념 이해 및 응용 능력 부족, 영어는 어휘력 부족
과 독해를 위한 최소한의 문법 실력이 부족한 경우가 이에 해당합
니다. 만약 아이가 이러한 상태라면 학교 진도를 따라가면서 수업
과제를 혼자 해낼 수 있을 때까지 부모나 개인교사가 개별 학습을
시켜줘야 합니다. 개별 학습은 과외가 학원보다 더 효과적일 수도
있습니다.

특정 과목에서만 아이의 기초 역량이 부족할 수도 있습니다. 이
경우에는 해당 과목 진도를 한 학년 정도 낮춰 학습하도록 지도하
는 것이 좋습니다. 충분히 소화할 준비가 되지 않았는데 무작정 학

년 진도만 나가면 구멍 난 부분을 메우지 못해서 다시 학습 포기로 이어지고, 국포자, 수포자, 영포자 중 하나가 될 가능성이 높아집니다.

공부 기초체력이 부족한 학생은 과감하게 선행보다 후행에 신경 써야 합니다. 학교에서 배운 내용을 충분히 이해할 수 있도록 복습을 여러 번 강조하는 것입니다. 특정 과목, 예를 들어 초등학교 5, 6학년 학생이 영어 과목의 공부 기초체력이 부족하다면 제법 오래전부터 영어 공부가 멈춰 있어 최소한의 학습량도 채우지 못했거나, 이해도가 너무 부족해서 학교 수업을 들어도 따라가지 못하는 상태였을 수 있습니다. 이러면 아이는 자연스럽게 영포자가 될 수도 있습니다.

기초체력이 부족하면 과감하게 취약 과목에 집중적으로 투자해줄 필요가 있습니다. 아주 단기간은 아니겠지만 최소 6개월에서 1년 정도를 투자하면 어느 정도 차이를 만회할 수 있습니다. 이 기간에는 오로지 해당 과목의 기초체력을 쌓는 데만 집중하겠다는 목표로 아이의 공부 상태를 꼼꼼하게 관리해야 합니다.

저학년일 때는 부모가 직접 점검해주는 것이 효율적입니다. 하지만 고학년이 된 이후에는 부모의 도움만으로는 공부 기초체력을 길러주는 데 한계가 있습니다. 그럴 때는 적극적으로 과외 선생님이나 교습소 등을 활용하는 것이 바람직합니다. 관리가 꼼꼼하기 때문입니다. 초등학생 때는 부족한 공부 기초체력을 채우고 평균 수준의 실력을 만드는 것이 진도를 나가는 것보다 훨씬 중요합니다. 그래서 부모가 먼저 조바심을 내지 않고 꾸준하게 기초를 쌓아가는 습관을 함께 만들어 주어야 합니다.

기초체력이 약한 아이에게 공부를 가르칠 때 특히 중요한 것이 긍정적인 피드백입니다. 무조건 칭찬하라는 것은 아니지만 최대한 칭찬해줘야 합니다. 새롭게 알게 된 내용이 있다면, 쉬운 내용일지라도 크게 격려해주는 것이 좋습니다. 처음엔 어색해하다가도 어느새 격려에 익숙해지고, 그 격려가 내면에 쌓이면 자신감이 됩니다. '나도 할 수 있다'는 자신감을 길러주는 것만큼 공부가 좋아지는 정서를 만드는 데 중요한 것은 없습니다.

2요소: 공부 책임감

공부 책임감은 높은 수준의 인내심이나 뚝심이 아니라 공부 목표를 끝까지 지켜내겠다는 성실한 학습 태도를 의미합니다. 선생님이나 부모님과 한 공부 약속을 지키려고 애쓰는 자세라고 할 수도 있습니다. 초등학교 3~4학년만 되어도 이 태도를 기르지 못해 교육과정에 적응하지 못하고, 관리형 사교육에 의존하는 아이들이 빠르게 늘어납니다.

타인과의 약속을 지킨다는 것은 사회인으로서 배워야 할 당연한 규범입니다. 약속을 지키지 못하는 사람은 자기통제력을 배울 수 없습니다. 항상 누군가의 감시와 통제를 받아야 하는 사람이 된다면 진짜 자기 자신을 위한 공부는 시작도 하기 어려워집니다.

공부 책임감이 부족한 학생의 가장 큰 특징은 변명이 많다는 것입니다. 과제나 숙제를 하지 못한 이유가 항상 있고, 구구절절한 사정을 늘어놓습니다. 하지만 그 이면의 진짜 이유는 결국 자기통제력 부족입니다.

책임감은 어릴 때 배워야 합니다. 학년이 올라갈수록 고치기 어려운 문제가 됩니다. 남들이 지켜보고 있을 때는 약속을 지키는 척 행동하지만, 혼자 있을 때는 쉽게 약속을 어기는 학생도 공부 책임감이 부족한 것입니다.

공부 책임감 자가진단

다음은 공부 책임감 수준을 진단해볼 수 있는 질문입니다. 총 10개 질문 중 8개 이상 '그렇다'고 답변하면 공부 책임감이 좋은 수준, 5개 이하는 공부 책임감이 부족한 수준입니다.

• 아이가 정해진 공부 시간을 잘 지키나요?
• 아이가 숙제를 잘하나요?
• 아이가 공부 도중 핑계를 대지 않나요?

- 아이가 학교 숙제를 늦지 않게 제출하나요?
- 아이가 숙제 점검을 스스로 하나요?
- 아이가 학교 준비물을 스스로 챙기나요?
- 아이가 숙제하라는 부모의 피드백을 잘 받아들이나요?
- 아이가 다른 일 때문에 공부를 미루지 않나요?
- 아이가 공부에 책임감을 느끼나요?

공부 책임감은 앞으로 다룰 '공부 자아'와도 아주 밀접하게 연관되는 요소입니다. 공부 자아란 스스로 공부에 관해 생각하고 책임지려 애쓰는 의식, 곧 주체성을 의미합니다. 공부 책임감은 공부 자아를 형성하는 가장 핵심적인 요소입니다. 공부 책임감이 없으면 공부 자아는 절대로 생겨나지 않습니다. 책임감은 의무에서 비롯되며, 이러한 의무는 먼저 주변 환경, 선생님, 부모님과의 약속에서 시작됩니다. 그 이후 타인이 아닌 자기 자신과의 약속을 지키는 수준으로 성장하면 반드시 강력한 공부 책임감이 형성됩니다.

공부 책임감이 높아지면 타율적 간섭 없이 스스로 공부할 수 있습니다. 보통 초등학교 5~6학년부터 이 같은 태도가 나타날 수 있는데, 흔하지는 않지만 초등학생 중 상위 10% 정도에 해당하는 아이가 어느 정도 공부 책임감을 보여줍니다. 한 반에 2~3명 정도라고 생각하면 됩니다. 나이가 아직 어리다는 점을 감안할 때, 이 아이들은 공부력 잠재성이 매우 높은 수준이며, 중학생이 되면 분명 상위권 또는 최상위권으로 도약할 기본기를 갖추리라고 기대할 수 있습니다.

공부 책임감을 지닌 학생이 스스로 공부를 하는 이유는 단순합니다. 그렇게 하기로 자신과 약속했기 때문입니다. 약속을 하면 그것을 지켜야 한다는 도덕적 의무감과 책임 의식이 만들어지지 않은 아이는 제대로 공부할 수 없습니다. 그때그때 보상을 바라는 것이 아니라 그저 해야 할 일을 할 뿐이라는 자세로 공부를 대해야 합니다.

다시 한 번 강조하지만 공부 책임감은 약속을 대하는 태도입니다. 항상 약속을 어기는 아이는 거짓말을 반복하다가 약속에 대한 의무감 자체를 가볍게 여기게 됩니다. 나 자신을 위해서가 아닌 누군가를 위해 해주는 공부에 머무르고 맙니다. 또 타인의 신뢰를 받지 못하므로 공부할 때마다 감시, 감독의 대상이 됩니다. 이러한 상황에서는 공부에 집중해야 할 에너지를 주변 시선을 의식하는데 불필요하게 낭비하게 됩니다. 공부 기초체력과 마찬가지로 공부 책임감은 일종의 자질이고 성품이므로 어린 시절부터 형성해야 하며, 일상에서 약속에 대한 태도를 기르는 것처럼 규범으로 훈련해야 합니다.

또 공부 책임감을 길러주기 위해서는 피드백이 반드시 필요합니다. 약속이 잘 지켜졌는지, 초반에는 부모나 교사의 확인, 점검이 꼭 필요합니다. 점차 개입을 줄여가며 아이 스스로 자율성을 터득해갈 수 있도록 점진적으로 도와야 합니다. 아이를 믿지 못해서가 아니라 훈련이 되지 않았기 때문에 누군가의 도움이 필요하다는 점을 명심해야 합니다. 아이를 신뢰해 준다는 명목으로 피드백을 게을리하면 오히려 아이로 하여금 약속을 어기는 데 관대해지거나 약속에 무관심해질 여지를 주기 때문에 피해야 합니다.

공부 책임감과 관련해서 강조하고 싶은 것은 공부 약속을 어겼을 때도 부모가 화부터 내서는 안 된다는 점입니다. 평가자가 아닌 교육자 관점에서 아이와 대화해야 합니다. 부모가 화를 내는 것은 이미 여러 번 이야기를 해주었는데도 아이가 말을 듣지 않는다고 생각하기 때문입니다. 하지만 아이가 한두 번 말을 듣고 스스로 약속을 지킬 것이라고 생각한다면 분명 부모의 과도한 기대입니다. 아이 스스로 한 번 행동하려면 부모와 교사는 최소한 100번 이상 말하며 인내심을 갖고 가르쳐야 합니다. 반드시 아이가 변화할 수 있다는 믿음을 갖고 노력해야 합니다. 우리 부모도 분명 어린 시절 누군가의 인내와 사랑이 있었기에 이만큼 성장했음을 잊어서는 안 됩니다.

오랫동안 꾸준하게 가르쳤는데도 아이가 약속을 어긴다면 훈육이 필요합니다. 단, 훈육은 군더더기 없이 짧고 단호하게 해야 합니다. 부모가 미리 정한 기준만큼 충분히 주의를 주거나 가르쳤는데도 공부 약속을 지키지 않았을 경우에는 화는 내지 않되, 엄격하게 사전에 약속한 벌칙을 주어야 합니다.

중요한 것은 아이가 훈육을 받으며 부모가 감정적으로 화가 나 자신을 처벌했다고 생각해서는 안 된다는 점입니다. 벌칙을 주려면 아이에게 사전에 그 기준과 내용을 알려주어야 합니다. 동의를 구하거나 설득할 필요는 없습니다. 약속을 정하는 것은 부모의 역할이자 교사의 권한이어야 합니다. 이를 통해 아이는 행동에 책임이 따른다는 점을 배워야 합니다.

아이가 초등학교 고학년이 되면 심지어 체벌을 해도 공부 책임감이 길러지지 않습니다. 마음속 깊이 뉘우치지 않기 때문입니다. 아이에게 공부 약속의 중요성을 가르칠 때는 보상이나 처벌이 아닌, 자기 자신과의 약속을 지키는 행위가 '스스로를 존중받을 존재, 책임감 있는 성숙한 사람'으로 만든다는 점을 가르쳐 준다고 생각해야 합니다. 이 점에서는 타협적 태도를 보이면 안 됩니다. 부모가 먼저 약속을 진지하게 대하는 태도를 보여주는 것이 핵심입니다. 부모가 약속을 가볍게 여기지 않는 모습을 보여줄 때, 아이도 비로소 일상적 약속, 공부 약속, 나아가 타인과의 약속을 가볍게 여기지 않는 아이로 자랍니다.

3요소: 공부 현실감

공부 현실감은 내가 세운 목표를 달성하기 위해 공부량이 어느 정도 필요한지 가늠하는 능력입니다. 다른 말로 나보다 공부를 더 열심히 하고, 잘하는 학생이 얼마나 노력하는지 파악하는 능력이라고 설명할 수 있습니다. 요즘 아이들은 개인적 성향이 강해서 다른 아이가 어떻게 공부하는지 관심을 갖지 않습니다. 또 타인의 공부 습관을 내 것으로 받아들이거나 익히는 데 미숙합니다. 자신만의 스타일을 지나치게 고수하다가 공부의 객관성과 현실감을 잃기도 합니다.

공부 현실감이 떨어지는 학생의 대표적인 특징은 항상 억울한 점이 많다는 것입니다. 예를 들어 '나는 시험공부를 평소보다 열심히 했는데, 성적이 평소보다도 낮게 나와서 억울하다', '친구는 공부를 나보다 열심히 안 했는데도 성적은 더 잘 나왔으니 억울하다' 같은 반응입니다. 이러한 감정이 생기는 이유는 남들이 얼마나 노력했는지는 생각하지 않고 그저 결과인 성적만 비교하기 때문입니다. 즉, 공부 과정에 대한 현실감이 부족한 것입니다.

현실감이 부족한 아이는 자기 노력은 과대평가하고, 타인의 성과는 과소평가합니다. 나의 공부는 노력과 재능에 비해 제대로 평가받지 못했고, 다른 아이는 운이 좋아 좋은 성적을 받았다고 생각합니다. 물론 이 아이들은 자신의 억울함이나 불만을 입 밖으로 내려 하지 않습니다. 주변 사람에게 공격이나 비난을 받을 테니까요. 하지만 끊임없이 자신의 노력 부족은 합리화하고 타인의 성과는 평가절하하는 방식으로 자기 위로를 삼기 때문에 결국 성장하지 못합니다.

공부 현실감 자가진단

다음은 공부 현실감 수준을 점검하기 위한 자가진단 질문입니다. 총 10개 문항 중 8개 이상 '그렇다'고 답변했다면 공부 현실감이 높다고 볼 수 있고, 5개 이하로 답변했다면 공부 현실감이 비교적 낮다고 볼 수 있습니다. 다만 초등학생의 경우에는 보통 공부 현실감이 높지 않으므로 크게 걱정할 필요는 없습니다.

- 아이가 시험 준비에 필요한 공부량을 스스로 파악하나요?
- 아이가 자신의 학습 능력과 성적 수준을 객관적으로 이해하나요?
- 아이가 현실적인 공부 목표를 세우나요?
- 아이가 다른 학생의 노력과 성취를 인정하고 긍정하나요?
- 아이가 공부한 만큼 성적이 오른다고 생각하나요?
- 아이가 공부에 투자한 시간만큼 성적을 받나요?
- 아이가 공부량을 스스로 조절할 수 있나요?

- 아이가 공부 과정에 대한 타인의 피드백을 잘 받아들이나요?
- 아이가 공부할 때 우선순위를 정하나요?
- 아이가 다른 아이의 공부법을 배우려고 노력하나요?

공부 현실감이 부족한 학생은 대부분 회피적이거나 방어적입니다. 타인의 조언이나 충고를 듣고 싶어 하지 않습니다. 책상에 앉아 있기는 하지만 정작 공부를 하지는 않고, 공부하는 척 연기를 합니다. 그러다 보니 공부 효율이 무척 낮습니다. 아이가 책상 앞에 오래 앉아 있어도 공부를 못하는 이유는 공부에 집중하지 않고 있기 때문입니다. 이런 학생은 보통 진짜 공부량이 아니라 공부 시간으로 자신의 노력을 입증할 수 있다고 생각합니다.

또 다른 특징은 암기를 싫어한다는 점입니다. 성적을 높이려면 암기가 필수지만, 괴롭기 때문에 최대한 미루려고 합니다. 물론 암기는 지겹고 반복적인 노력이 필요합니다. 하지만 암기가 부족하면 결코 시험을 잘 볼 수 없습니다. 출제자들도 아이들이 암기를 싫어한다는 사실을 너무나 잘 알기 때문에 일부러 대충 공부한 아이는 답할 수 없는 문제를 출제합니다. 현실감이 부족한 아이는 암기 문제를 틀리고 나서도 암기 노력이 부족했다고 반성하기보다는 알고 있는 것을 실수로 틀렸다며 억울해하기만 합니다.

마지막으로 공부 현실감이 있느냐 없느냐는 진짜 공부, 제대로 된 공부를 시작하느냐, 아니면 흉내 내기 공부 수준에 머무르느냐를 가르는 분기점이 됩니다. 공부 현실감을 터득해야 비로소 진짜 공부, 나만의 공부가 시작됩니다. 이때부터는 시간이 아니라 목표가 중요해지고, 자신의 한계를 넘어 목표에 도달하고자 노력합니다. 반대로 공부 현실감을 터득하지 못한 대부분의 학생은 남을 위한 공부, 남을 흉내 내는 공부를 이어갈 수밖에 없습니다.

공부 현실감이 부족한 아이를 지도할 때 가장 중요한 것은 '과정 중심적 사고'입니다. 아이의 공부 현실감이 부족할수록 성적이라는 결과만으로 학생을 평가해서는 안 됩니다. 성적이 낮아서 문제가 아니라 애초에 공부 과정의 현실감이 부족한 것이 문제이기 때문입니다. 이런 아이는 공부 목표를 과소평가합니다. 내가 조금만 노력하면 목표를 이룰 수 있을 것이라고 지나치게 낙관합니다. 그러면서도 남들은 다 기울이는 노력, 예를 들어 여러 번 암기한 내용을 확인하고 또 확인하는 과정 없이도 자신만큼은 시험에서 틀리지 않고 좋은 성적을 거둘 수 있다고 확신합니다. 당연히 근거 없는 확신입니다.

심지어 실제 시험 결과가 나빠도 준비 과정에서 최선을 다하지 못한 자신의 문제점을 찾아내거나 인정하려 하지 않고, 대신 여러 가지 상황적 핑계를 댑니다. 그래서 성적을 자신의 실력으로 인정하려 하지 않습니다. 상황의 심각성을 받아들이지 않고 계속 회피하는 경향을 보이는 것이 공부 현실감이 부족한 학생의 중요한 특징입니다.

공부 현실감을 가르치기 위해서는 공부 과정을 객관화해야 합니다. 그러려면 공부 과정을 꼼꼼하게 기록해놓는 것이 중요합니다. 공부 현실감이 부족한 아이일수록 엄살이 심하고 자기 노력을 과대포장하려는 경향이 있습니다. 지극히 주관적인 말로 공부를 과시하는 것입니다. 그럴수록 아이가 책상 앞에 앉아 있던 시간이나 방에 들어가 공부하는 듯 보였던 모든 시간을 객관적으로 검토해봐야 합니다. 실제로는 책상 앞에 앉아 있었을 뿐 공부를 거의 하지 않았을 수도 있습니다. 학원 수업이나 인강도 마찬가지입니다. 정작 공부는 하지 않고 그냥 시간을 때우고 있었던 것일 수도 있습니다. 이 모든 시간은 결국 공부 흉내를 낸 것일 뿐 제대로 된 자기공부 시간으로 인정할 수 없습니다.

따라서 공부 현실감을 가르치려면 공부 시간이 기준이 되기보다는 실제 공부량과 문제 풀이량으로 공부 과정을 평가해야 합니다. 심지어는 교과서를 몇 번 읽었고, 암기는 어떻게 연습했으며, 테스트는 몇 번이나 해봤는지 하나하나 세밀하게 점검해야 합니다. 이런 가르침을 통해 시험을 완벽하게 준비하는 감각이 무엇인지 배울 수 있고, 실수가 왜 실력인지 깨닫게 됩니다.

지금까지 과정을 강조한 것과 달리, 공부 현실감이 부족한 학생의 진짜 변화는 역설적이게도 결과를 통해 찾아옵니다. 바로 노력 끝에 성적이 상승하는 경험, 공부에 대한 자신감을 맛보는 경험이 그것입니다.

공부 현실감이 부족한 학생은 대부분 성공 경험이 없습니다. 비효율적인 보여주기식 공부를 하면서도 이런저런 변명을 늘어놓는 것은 자신의 노력과 실력에 믿음이 부족하기 때문입니다. 이런 학생에게 꼭 필요한 것은 성공 경험입니다. 성공의 본질은 높은 성적이 아니라 자신과의 싸움에서 승리한 경험입니다. 공부 성공은 실패하는 공부를 그만둘 때 찾아옵니다. 이제 게으르고 망설이던 과거의 나와 이별하고 진짜 공부를 시작하겠다는 각오를 다져야 합니다. 어떤 실패를 만나더라도 끝까지 포기하지 않겠다는 각오야말로 공부 현실감을 싹틔우는 핵심 중의 핵심입니다.

4요소: 자기공부 계획력

네 번째 요소부터는 앞에 '자기공부'라는 수식어가 붙기 시작합니다. 지금까지의 공부 요소가 일반적인 공부 역량이었다면, 이제부터는 나를 위한 공부, 진짜 공부의 핵심 요소를 다룹니다. 먼저 공부 자아를 생각해봐야 합니다. 공부 자아는 공부를 진지하게 생각하고, 진짜 나만의 목표를 갖고 공부하는 학생의 마인드입니다. 남이 시키는 대로만 공부하는 학생은 결국 상위권이 되지 못합니다.

　자기공부 계획력은 나의 공부 목표를 달성하기 위해 필요한 공부량과 시간 그리고 일정을 스스로 계획할 수 있는 능력을 의미합니다. 단순히 공부 플래너를 작성하거나, 정해진 시간표에 할 일을 옮겨 적는 수준이 아닙니다. 내가 도달해야 하는 공부 목표에 대한 뚜렷한 목적의식을 갖고 계획을 세우는 것입니다. 구체적으로는 어떤 과목을 어떤 방식으로, 얼마나 반복해서 공부해야 그 목표에 빨리 도달할 수 있을지 스스로 가늠할 수 있어야 합니다.

　학원에 다닌다고 자기공부 계획력을 키울 수는 없습니다. 학원에서는 오히려 공부 계획을 세울 필요가 없습니다. 공부 계획을 대신 짜주기 때문입니다. 학원 커리큘럼과 시간표가 곧 내 공부 계획이 되고, 여기에 길들여지면 나는 항상 누군가가 정해놓은 공부의 한계 속에 갇히게 되며, 결국 그 수준을 넘어설 수 없게 됩니다. 마치 어린 시절, 발목에 묶인 밧줄 길이만큼만 움직일 수 있도록 길들여져 어른이 되어서도 멀리 도망가지 못하는 서커스단 코끼리처럼 성장하는 것입니다.

자기공부 계획력 자가진단

　다음은 자기공부 계획력 수준을 점검하기 위한 자가진단 질문입니다. 일반적인 공부 계획과 달리 자기공부 계획의 핵심은 '내가 목표한 입시 성과, 시험 성적 수준을 달성하기에 충분한 공부 계획을 세울 수 있는가'입니다. 총 10개 문항 중 8개 이상 '그렇다'고 답변하면 자기공부 계획력이 높은 것이고, 5개 이하라면 자기공부 계획력이 낮은 편이라고 볼 수 있습니다.

- 아이가 자기공부 계획의 필요성을 알고 있나요?
- 아이가 월간 또는 주간 공부 목표를 세우고 공부하나요?
- 아이가 시험 준비 일정을 스스로 짤 수 있나요?
- 아이가 공부 목표 달성을 위해 하루 공부량을 스스로 계산할 수 있나요?
- 아이가 공부할 과목의 우선순위를 정할 수 있나요?
- 아이가 공부 시간표나 계획표를 작성하나요?
- 아이가 장기적, 단기적인 공부 목표를 갖고 있나요?
- 아이가 자신의 공부 계획에 대해 남에게 피드백을 받거나 스스로 점검하나요?
- 아이가 공부 계획을 주기적으로 개선하나요?
- 아이가 상황이 바뀌어도 목표한 공부 계획을 지키나요?

아마 여기서부터는 자가진단에서 높은 점수를 받기가 어려워졌다는 느낌을 받았을 수도 있습니다. 맞습니다. 남은 요소들은 공부 요소 중에서도 상위 능력에 해당하기 때문입니다. 대치동 1% 아이들이 차별화되는 기점도 바로 이쯤입니다.

흔히 말하는 자기주도식 학습을 하려면 높은 수준의 자기공부 계획력을 필수로 갖춰야 합니다. 이 능력은 상당히 높은 수준의 공부 역량인 탓에 자기주도학습에 성공하는 아이는 매우 적습니다. 따라서 자기주도적 학습에 대한 환상을 깨야 합니다. 이미 자기주도적 공부를 할 수 있는 아이라면 학습 역량이 아주 뛰어난 아이입니다. 다시 말해 자기주도적 학습 역량을 훈련하지 않고서는 상위권 성적을 받을 수 없습니다.

자기공부 계획력은 나이가 든다고 저절로 길러지는 능력이 결코 아닙니다. 초등학생보다도 공부력이 떨어지는 중·고등학생이 당연히 있을 수 있습니다. 또 공부력은 성적순이 아닙니다. 성적이 좋은 학생 중에도 실제로는 공부력이 그리 높지 않은 학생이 있습니다. 예를 들어 고등학교 입시 문제를 풀게 해보면 당연히 고등학생이 초등학생보다 잘 풀 것입니다. 그렇다고 그 고등학생의 공부력이 초등학생의 공부력보다 더 뛰어난지는 알 수 없습니다.

자기공부 계획력을 기르기 위해서는 무엇보다 뚜렷한 학업 목표, 입시 목표에 대한 동기부여가 필요합니다. 당장 아무 계획이나 세우려 하지 말고 목표부터 명확히 해야 합니다. 그냥 공부부터 시작하는 것보다 왜 공부하는지, 무엇 때문에 공부하는지 스스로 생각해보는 것이 중요합니다. 그렇게 입시 목표나 성적 목표를 정했다면 자주 볼 수 있는 곳에 붙여놓고 아이 스스로 상기하는 것이 좋습니다.

목표는 가능한 한 구체적으로 세워야 합니다. 적어도 그 목표를 달성했는지 확인할 수 있을 만큼 구체적이어야 합니다. 예를 들어 '공부를 열심히 한다', '공부를 잘한다'는 목표는 그럴듯해 보이지만 정확히 실천 여부를 판단하기 어려운 모호한 목표입니다.

또 단계별로 목표를 세분화하여 한 달 목표, 한 학기 목표를 구분하는 것도 좋습니다. 이때 중·장기 목표는 도전적이어야 합니다. 너무 쉬운 목표는 애초에 나를 성장시킬 수 없습니다. 그다음에는 중·장기 목표를 달성하기 위한 단기 목표를 정하고, 그에 맞는 주간 계획을 세워야 합니다. 마지막으로 주간 계획을 하루 단위로 쪼개서 실천하면 됩니다. 아주 단순하지만 너무나도 강력한 공부 방법입니다.

정리하면 자기공부 계획력을 기르는 방법은 먼저 공부 목표를 구체화한 뒤 목표에 맞는 중·장기 계획과 단기 계획을 세우고, 일주일 단위로 이를 세분화하여 매일 실천하고 피드백하는 과정을 반복하는 것입니다. 그러다 보면 자연스럽게 내 공부 계획이 얼마나 탄탄했는지 알 수 있습니다. 애초에 목표한 공부량이 적절했는지, 혹시 너무 과도해서 실천할 수 없는 계획을 세웠던 것은 아닌지 깨닫게 됩니다. 이를 토대로 아이는 결국 자신이 최종적으로 도달하고 싶은 가장 높은 입시 목표에 한 걸음 더 가까이 다가갑니다.

자기공부 계획력을 높이다 보면 부수적으로 얻어지는 능력이 있는데, 바로 자투리 시간 활용 능력입니다. 높은 목표를 추구하다 보면 물리적으로 공부 시간의 한계에 부딪힙니다. 그러면 학생들은 공부 시간을 조금이라도 더 확보하기 위해 자투리 시간에 눈을 돌립니다. 물론 어른은 자투리 시간을 낭비하는 것을 매우 아깝게 생각하고 학생에게도 강조하지만 실제로 그 말을 이해하거나 따르려는 학생은 거의 없습니다. 자기공부 계획력이 부족하기 때문입니다. 자기공부라는 인식도, 목표에 대한 절박함도 없는 학생에게 자투리 시간을 아껴 쓰라는 충고는 공허한 외침에 불과합니다.

하지만 공부 계획력이 생기면 이내 시간이 무한하지 않다는 것을 깨닫습니다. 아니, 시간이 부족하다는 것을 깨닫습니다. 그래서 대치동 상위권 학생은 대부분 불필요한 강의나 비효율적인 과외 일정을 줄이려고 노력합니다. 혼자 공부하는 시간을 조금이라도 더 늘리기 위해 발버둥 칩니다.

물론 경우에 따라 공부 계획을 따로 세우지 않고서도 충분히 좋은 성적을 거두는 학생이 있을 수 있습니다. 실제로 상담을 하다 보면 상위권 학생 중에서도 공부 계획을 구체적으로 세우지 않는 학생이 종종 있습니다. 그렇다면 정말 자기 목표를 충분히 달성하고 있으면서 공부 계획을 안 세우는 것인지, 아니면 그저 게을러서 계획 세우기를 싫어하는 것인지 어떻게 알 수 있을까요? 바로 자투리 시간을 대하는 태도를 보면 알 수 있습니다. 성향상 공부 계획을 치밀하게 짜지 않는 학생일지라도 이미 자기공부 목표가 있고, 중·장기적 공부 계획을 마음속으로 그릴 수 있는 능력이 있다면 자투리 시간의 중요성을 이미 잘 알고 있을 것입니다.

5요소: 자기공부 실행력

자기공부 계획력이 진짜 공부의 시작이라면, 자기공부 실행력은 진짜 공부의 클라이맥스입니다. 고독한 자신과의 싸움이 시작되는 지점이라고도 할 수 있습니다. 이미 어느 정도 공부 목표를 달성한 아이가 정말 상위권이 되고자 간절하게 자신을 밀어붙이며 공부하는 과정에서 길러지는 역량이 바로 자기공부 실행력입니다.

자기공부 실행력은 나와의 약속을 지키기 위해 공부하는 책임감 수준을 뛰어넘는 실행력입니다. 한계를 넘어서기 위해 계속 발버둥 치는 상태에 가깝습니다. 주변에서 볼 때는 이미 충분히 열심히 공부하고 있거나 좋은 성적을 받고 있는데 왜 고민을 멈추지 않을까요? 아직 배가 고프기 때문입니다. 2002년 한일 월드컵에서 한국 대표팀을 4강까지 이끈 기적의 주인공, 히딩크 감독이 한 말입니다. 스티브 잡스 역시 스탠퍼드대학교에서 남긴 명연설에서 똑같은 내용을 언급했습니다. 현재 상태에 만족할 수 없는 배고픔, 현실에 대한 강력한 불만족, 이것이 자기공부 실행력을 끌어올리는 방아쇠입니다.

자기공부 실행력은 전쟁에 비유하면 결정적인 전투에서 밀리고 있던 아군이 마지막 전투에서 승리하기 위해 모든 총알과 폭탄을 아낌없이 쏟아부으며 총공세를 하는 것과 같습니다. 공부에 내 시간과 에너지, 모든 자원을 쏟아붓는 경험은 말 그대로 한계를 넘어서는 경험입니다. 이런 경험을 통해 자기공부 실행력 감각이 길러집니다. 정말 열심히 공부해본 학생은 내 모든 역량을 총동원해도 당장은 뛰어넘을 수 없는 한계가 무엇인지 감각적으로 깨닫습니다. 그런데 바로 그 찰나의 순간에 공부력이 한 단계 업그레이드되는 기적이 일어납니다. 한 걸음만 더 내디디면 그 한계를 깨버릴 수 있다는 것을 깨닫기 때문에 가속력이 붙습니다.

마라톤 선수처럼 강도 높은 유산소운동을 오래 지속하면 '러너스 하이(Runner's High)'라고 부르는 심리적 현상을 경험합니다. 신체적으로는 한계에 도달할 만큼 힘들고 에너지가 부족한 상태라 고통스럽지만 일정 시간이 지나면 오히려 엔도르핀이 나와 통증이 완화되며 행복감을 느끼는 것입니다. 이 같은 긍정적 상태를 또 다른 말로는 '몰입(flow)'이라고 합니다. 이 상태가 되면 공부가 그 자체로 즐거워집니다. 공부가 주는 일종의 쾌감을 맛보는 것입니다. 그러면 공부에 더 몰입하고 더 집중하게 됩니다.

이때부터는 마치 비행기가 엔진을 끄고 활공하는 것처럼 어떤 흐름을 타고 공부하게 됩니다. 굳이 애쓰지 않아도 높이, 멀리 날 수 있는 힘이 생기듯 공부 효율이 급상승합니다. 자기공부 실행력은 바로 이런 자기 극복과 상승력의 원천입니다.

자기공부 실행력 자가진단

다음은 자기공부 실행력 수준을 평가하기 위한 질문입니다. 10개 질문 중 8개 이상에 '그렇다'고 답변했다면 자기공부 실행력이 높은 편에 해당하며, 5개 미만이라면 자기공부 실행력이 낮은 편이라고 할 수 있습니다.

- 아이가 자신이 공부한 목표를 충분히 완수하나요?
- 아이가 공부 계획에 따라 혹은 계획을 점검하며 공부하나요?
- 아이가 더 높은 목표를 위해 스스로 더 강도 높은 공부 계획을 세우나요?
- 아이가 공부 계획을 완수한 뒤에 성취감을 느끼나요?
- 아이가 기꺼이 어려운 과제나 높은 목표에 도전하려 하나요?

- 아이가 공부한 내용을 완벽히 알 때까지 복습하나요?
- 아이가 공부할 때 시간을 최대한 효율적으로 사용하려고 노력하나요?
- 아이가 자투리 시간을 공부에 활용하나요?
- 아이가 1시간 이상 집중해서 꾸준히 공부할 수 있나요?
- 아이가 공부 태도를 스스로 비판적으로 검토하나요?

국가대표 운동선수를 보면 모두 하나같이 우수한 신체적 역량을 지녔고 치열한 노력을 기울였음에도 0.01초 차이로 메달 색깔이 달라집니다. 많은 사람이 그 차이를 육체적 역량이 아닌 정신력에서 찾습니다.

여러 세계대회에서 금메달을 딴 빙속여제 이상화 선수는 한 방송에서 밴쿠버올림픽 이후 찾아온 슬럼프를 극복한 비결을 털어놓았습니다. 세계 정상이라는 큰 부담감 때문에 2등이라는 성적도 스스로 용납할 수 없을 만큼 극도의 스트레스를 받았던 이상화 선수는 오히려 반짝 금메달이었다는 평가를 받기 싫어 다시 4년간 최선을 다해 연습했다고 합니다. '슬럼프는 오히려 내면적인 꾀병이다. 조금만 더 노력하자' 하고 스스로를 다독였다는 이상화 선수의 인터뷰는 너무 치열한 나머지 지독하다는 생각이 들 정도입니다.

그런데 최상위권을 목표로 공부하는 학생의 모습도 이와 크게 다르지 않습니다. 한계를 극복하고자 안간힘을 쓰는 사람의 모습을 지켜보면 숭고함까지 느껴집니다. 대치동 1% 아이들이 그렇습니다. 이 아이들은 왜 그렇게까지 노력할까요? 해답은 결국 자기 자신 안에 있습니다. 그저 열심히 노력했다는 과정에 만족하지 않고 자신이 세운 목표에 정말 도달하려면 결국 나 자신과의 싸움에서 이겨야 한다는 사실을 이미 잘 알고 있는 것입니다.

자기공부 실행력이 높아질 때 나타나는 특징이 하나 더 있습니다. 바로 '질문'이 많아진다는 것입니다. 이전까지는 주로 모르는 것이 있을 때 질문을 합니다. 하지만 정작 공부법 자체에 대한 고민은 많이 하지 않습니다. 그런데 자기공부 실행력을 향상하기 위해서는 공부에 관한 많은 질문이 필요합니다. 내 공부가 지닌 한계점을 극복해야 하기 때문에 다른 사람의 조언이나 피드백이 꼭 필요한 것입니다. 그래서 선배나 선생님에게 공부법 질문을 많이 하고, 실제로 도움을 받기도 합니다. 공부 목표 성취 동기가 강한 학생일수록 공부 자체에 대한 질문을 많이 합니다. 더 나은 공부법은 없는지, 끊임없이 질문하고 실험해 보면서 자신에게 맞는 최상의 공부법, 조건을 찾아냅니다.

자기공부 실행력이 높은 학생은 자기공부 계획력이 높기 때문에 버려지는 시간을 아까워합니다. 항상 시간이 부족하기 때문입니다. 그래서 자투리 시간을 아껴 쓰려는 모습을 보이기도 하고, 잠자는 시간을 줄여 조금 더 일찍 일어나거나 늦게 잠들려는 노력을 하기도 합니다. 아니면 수면 시간 패턴을 파악하여 최소한의 수면, 최적의 수면 시간을 스스로 관리합니다.

　자기공부 실행력을 부모나 선생님 같은 타인이 길러주기란 매우 어려운 일입니다. 애초에 시간이 부족하다는 감각은 스스로 느껴봐야 얻어지는 것이기도 하고, 내 역량을 최대한 끌어내려 애쓰는 것 자체가 매우 능동적인 자세이기 때문입니다. 대신 부모는 적어도 학생이 포기하지 않고, 끊임없이 도전할 수 있도록 공부 환경을 마련해줄 수 있습니다.

　예를 들어 미디어 노출 유혹을 줄이기 위해 집에서 텔레비전을 없애거나 스마트폰 사용을 줄일 수 있습니다. 가능하다면 부모가 함께 책을 읽거나 공부하는 파트너가 되어 자녀에게 힘을 북돋워줄 수도 있습니다. 또 규칙적인 생활 습관이나 건강한 식단 관리를 통해 몸 상태를 건강하게 유지하도록 돕는 것도 한 가지 방법입니다. 이런 습관들은 아이가 공부할 때 좋은 컨디션과 집중력을 유지하도록 도와줍니다. 결국 아이에게 자기공부 실행력을 키워주려면 부모 역시 이와 비슷한 자세를 갖추고 있거나, 이미 이를 경험한 능숙한 사람이 아이와 함께 달리며 페이스메이커 역할을 해주어야 합니다.

마지막으로 자기공부 실행력이 높은 학생은 성취 동기가 매우 강하기 때문에 자기 자신을 지나치게 다그치거나 몰아붙이는 경우가 있습니다. 지나친 스트레스와 강박감은 장기적으로는 공부 효율을 저해합니다. 실제로 강박이 강한 학생이 정작 시험장에 가서 엉뚱한 실수를 하고 오는 경우가 종종 있습니다. 따라서 자기공부 실행력을 높여줄 때는 최대한 긍정적이고 따뜻한 피드백으로 학생을 격려해 주어야 합니다. 중요한 것은 학생 자신입니다. 자신의 목표를 위해 지금 최선을 다하고 있다면 그것만으로도 얼마나 감사하고 칭찬할 일인지 자주 말해주고, 설령 만족스러운 결과가 나오지 않았더라도 그간의 노력을 인정하고 격려해주는 자세를 가져야 합니다.

6요소: 자기공부 객관화 능력

마지막으로 다룰 역량인 자기공부 객관화 능력은 흔히 '메타인지 능력'이라고 부르는 것입니다. 메타인지는 쉽게 말해 '생각에 대한 생각'으로, 공부에서는 스스로를 반성하고 객관화하는 능력을 의미합니다. 타인의 피드백 없이도 스스로 나를 되돌아보는 지적 능력으로, 아주 오래전부터 인류가 추구해온 가장 높은 수준의 공부 역량이기도 합니다.

서양의 대표 철학자 소크라테스는 "너 자신을 알라"라고 말했습니다. 내가 무엇을 모르는지 깨닫는 것이 앎의 시작임을 의미하는 말입니다. 동양의 대표 철학자 공자도 "아는 것을 안다고 하고 모르는 것을 모른다고 하는 것, 이것이 바로 아는 것이다"라고 동일한 의미의 말을 했습니다. 동서양을 아우르는 대사상가가 입을 모아 강조한 공부 비결이 바로 메타인지 능력인 것입니다.

하지만 모두가 강조한다고 누구나 그것을 실천할 수 있는 것은 아닙니다. 진짜 자기공부 객관화 능력은 앞에서 설명한 5가지 요소를 모두 갖춘 뒤에야 비로소 도달할 수 있는 가장 높은 경지로 봐야 합니다. 물론 공부력이 높지 않은 학생도 메타인지 능력이 필요하고, 일부는 이미 지니고 있습니다. 하지만 여기서 강조하는 메타인지 능력은 단순히 자기를 객관화하고, 점검하는 수준을 넘어 내가 안다고 생각하는 것까지 의심하고 되물어가며 진짜 앎에 다가가는 높은 수준의 공부력을 의미합니다.

물론 메타인지 능력이 부족해도 SKY에 입학할 수 있습니다. 예를 들어 메타인지 능력은 내신 공부에는 큰 영향을 끼치지 않습니다. 내신 시험에서는 철저하게 암기하고 반복하는 것만으로도 좋은 성적을 받을 수 있기 때문입니다. 따라서 모두가 메타인지 능력을 얻기 위해 노력할 필요는 없습니다. 다만 어느 정도 잘하는 수준으로는 만족할 수 없는 학생, 정말 최고만을 목표하는 학생에게는 꼭 필요한 능력이 바로 메타인지 능력입니다.

자기공부 객관화 능력 자가진단

다음은 자기공부 객관화 능력 수준을 평가하기 위한 질문입니다. 이 중에서 8개 이상에 '그렇다'고 답변했다면 자기공부 객관화 능력이 뛰어난 편이며, 5개 미만이라면 자기공부 객관화 능력이 다소 낮은 편이라고 할 수 있습니다.

- 아이가 공부 목표 자체를 스스로 평가하고 높여가나요?
- 아이가 비효율적인 공부 습관을 스스로 개선하나요?
- 아이가 안다고 생각한 부분도 다시 점검하여 실제로는 정확히 몰랐다는 사실을 스스로 발견하며 공부하나요?
- 아이가 자신의 강점과 약점을 정확하게 파악하고 있나요?
- 아이가 왜 공부해야 하는지 스스로 묻거나 답할 수 있나요?
- 아이가 공부할 때 완벽함이나 탁월함을 목표로 하나요?
- 아이가 공부에 몰입하는 경험을 꾸준히 하나요?
- 아이가 아는 내용도 더 깊이 이해하기 위해 찾아가며 공부하나요?
- 아이가 공부에 몰입하는 재미를 느끼나요?
- 아이가 자신의 공부 과정을 꾸준히 기록하거나 반성하나요?

자기공부를 객관화한다는 것은 결국 나를 세밀하게 돌아본다는 뜻입니다. 내가 놓치고 있던 사소한 문제를 발견하는 과정은 성인에게도 매우 어려운 일입니다. 하지만 이 능력을 터득하면 시행착오를 예방할 수 있기 때문에 시간을 절약하고, 꾸준히 탁월한 수준의 성과를 만들어낼 수 있습니다.

흥미로운 것은 전교 1등을 한 번 하기는 어려워도 이를 유지하기는 오히려 더 쉽다는 것입니다. 실제로 주변을 둘러보면 전교 1등이 아니었던 학생이 갑자기 혜성처럼 나타나 1등 자리를 빼앗는 경우보다 누구나 아는 전교 1등 학생이 오랫동안 1등 자리를 유지하는 경우가 더 많습니다. 이런 학생들이 터득하고 있는 공부력이 바로 메타인지 능력, 즉 높은 수준의 자기공부 객관화 능력입니다.

자기공부 객관화 능력이 있으면 내가 알고 있는 것보다 모르고 있는 것을 찾아내는 데 항상 더 집중하기 때문에 실수가 줄어들 수밖에 없습니다. 완벽한 것은 아니지만 분명 경쟁자가 목표하는 수준 이상의 목표를 지향하므로 경쟁에서 우위를 확고히 할 수 있습니다.

더불어 공부 효율도 높아집니다. 처음 공부할 때는 아는 것보다 모르는 것이 많지만, 어느 수준 이상 올라가면 아는 것이 많아져 누가 자신의 약점, 모르는 부분을 완벽하게 찾아내고 해결하느냐의 싸움이 남기 때문입니다. 최상위권 경쟁은 결국 시간 싸움입니다. 탁월함에 이르려는 노력을 멈추지 않고 자기공부를 객관화하는 성찰의 자세를 몸에 익히는 것이야말로 우리가 목표할 수 있는 마지막 공부력 요소입니다.

자기공부 객관화 능력을 향상하기 위해서는 무엇보다 공부에 대해, 본질적인 앎에 대해 많이 생각해봐야 합니다. 처음에는 공부하는 방법이나 습관을 스스로 피드백해 보거나 하루 공부를 되돌아보면서 공부 습관의 문제점을 찾아 고치는 것부터 연습해볼 수 있습니다. 이때 도움이 되는 활동이 바로 공부 일기를 적는 것입니다. 공부 일기는 하루하루 자신이 공부한 내용을 돌아보거나 그 과정에서 잘한 점, 부족한 점, 개선하고 싶은 점을 스스로 찾아 적는 기록입니다.

공부 일기를 쓰는 시간은 나를 돌아보는 습관의 시작입니다. 잠자리에 들기 전, 최소 10분 정도 내가 오늘 무엇을 공부했고, 어떻게 공부했고, 또 왜 공부했는지 생각해보는 연습을 하다 보면 자기 공부를 더 발전시키거나 심도 있게 하는 아이디어가 떠오릅니다. 또 내일은 더 나은 하루를 보내겠다는 단단한 각오를 다지기도 합니다.

공부 일기의 또 다른 장점은 공부가 남이 아닌 나 자신을 위해 하는 노력이라는 추상적인 말의 의미를 아주 구체적으로 깨닫게 된다는 점입니다. 하루 동안의 노력을 하나하나 되돌아보면서 뿌

듯함이 커지고, 더 잘하고 싶다는 마음이 듭니다. 나아가 열심히 공부하느라 고생한 나에게 보상을 주는 것은 결국 나 자신이라는 점도 깨닫게 됩니다.

★ ★ ★ ★ ★

7장

입시 맞춤형
과목별
공부 전략

01
생각하는 힘을 기르는
독서

입시에 도움이 되는 유아, 초등 시기 독서 경험

유아, 초등 시기의 독서 활동 정보나 조언은 이미 시중에 많습니다. 그래서 저는 입시 관점에서 유아, 초등 시기 독서가 왜 중요한지 설명해 보고자 합니다.

먼저 취학 전 독서는 습관 형성이 핵심이고, 다음으로 읽기 독립이 중요합니다. 습관 형성을 위해서는 책에 둘러싸인 환경 마련하기, 유튜브 및 영상 매체 노출 최소화하기, 책 자주 읽어주기 같은 부모의 기본적인 노력이 필수입니다. 읽기 독립은 적어도 아이가 7세가 되면 조금씩 목표해볼 것을 추천합니다. 그러려면 소리 내어 읽는 아이의 독서 실력과 이해도를 부모가 함께 체크해야 합니다.

학교에 입학하면 선생님과 친구 앞에서 소리 내어 책을 읽어야 할 때가 종종 있습니다. 책 수준이 많이 어렵지 않기 때문에 가정에서 먼저 바르게, 적당한 속도로, 띄어 읽기 연습을 시키면 충분히 혼자 책 읽는 습관을 기를 수 있습니다. 대부분 특별히 한글 공부를 시키지 않고 바른 독서 습관만 만들어 주어도 아이가 자연스레 글 읽기를 터득해갈 수 있습니다.

반대로 책 읽는 습관 형성에 별다른 노력을 기울이지 않은 아이는 초등학교 1학년 때부터 학습에 어려움을 겪습니다. 먼저 교과서 읽기가 되지 않습니다. 이해가 아니라 말 그대로 바르게 소리 내어 적당한 속도로 읽는 것조차 되지 않습니다. 초등 저학년 시기에 읽기 독립, 바르게 읽는 습관을 기르지 못하면 초등학교 3학년부터 시작되는 본격적인 학습 독서 시기로 순탄하게 넘어가기 어려워집니다.

유아, 초등 시기의 독서는 별것 아닌 것처럼 보일 수 있지만 모든 공부와 학습의 기초가 되는 능력을 형성하는 유일한 활동입니다. 학교 교과서를 읽고 이해하는 것부터 삶에 필요한 정보를 책을 통해 얻는 것 같은 성인의 학습 능력도 사실 유아, 초등 시기에 형성된 읽기 능력에서 기인합니다. 그러므로 유아, 초등 시기에는 다

른 어떤 교육 목표보다 바른 독서 습관 만들기를 최우선으로 해야
합니다.

서울대 합격생의 독서 포트폴리오

입시 관점에서도 독서는 너무나 중요합니다. 국영수사과보다
더 중요하니 1순위라는 말도 부족하고 0순위라고 하는 것이 옳습
니다. 하지만 독서가 모든 교과 공부의 기초 역량처럼 활용되다 보
니 언제 구체적으로 독서 역량이 돋보이는지 감이 오지 않습니다.
그래서 서울대 합격생의 독서 포트폴리오를 통해 독서 역량이 입
시에서 얼마나 중요한지 설명해보려 합니다.

서울대는 입시에서 독서 역량을 중시하는 가장 대표적인 학교
입니다. 자기소개서가 간소화되었을 때에도 서울대만큼은 인상
깊게 읽은 책 3권을 요약해 제출하라는 내용을 빼놓지 않았습니
다. 아마 이쯤에서 '서울대생은 어떤 책을 많이 읽었을까', '어떤 책
목록이 반영되었을까' 하는 궁금증이 생길 것 같습니다. 그런데
실제 합격생의 자기소개서를 훑어보면 겹치는 책이나 대표적인
책은 거의 없고, 특정한 패턴도 찾을 수 없다는 사실을 발견할 수
있습니다.

물론 해마다 유행하는 책이 있기는 합니다. 마이클 센델의《정
의란 무엇인가》혹은 행동경제학을 다룬《넛지》, 장 지글러의《왜

세계의 절반은 굶주리는가?》, 리처드 도킨스의 《이기적 유전자》 등은 오랫동안 사랑받는 베스트셀러라고 할 수 있습니다. 하지만 이런 독서 목록으로는 합격, 불합격의 기준을 찾기 어렵습니다. 최종 선발에서 탈락한 학생의 포트폴리오에도 이 도서가 모두 포함되어 있기 때문입니다. 그렇다면 서울대 합격생의 독서 포트폴리오에서 찾아내야 할 진짜 독서 비결은 무엇일까요?

핵심은 바로 '생각의 힘'에 있습니다. 남들이 다 읽는 책을 읽는다면 나는 '어떻게' 다르게 읽었는지 설명해야 합니다. 또 남들이 전혀 읽지 않는 책을 읽었다면 '왜' 그 책을 읽었는지 설명해야 합니다. 이는 모두 학생 자신이 독서 과정에서 길러낸 생각의 힘을 의미합니다.

보통 독서는 무언가 배우고 얻기 위해 하는 지식 활동이라고 생각합니다. 그러다 보니 어떤 책을 읽고 무엇을 배웠는지에 주목합니다. 100명의 학생이 똑같은 책을 읽었더라도 서로 배우고 느낀 바는 모두 다를 수밖에 없습니다. 그래서 독서 목록을 제출할 때, 책 내용을 요약하기보다는 그 독서 경험을 통해 자신이 얻어낸 것, 길어낸 바를 설명할 수 있어야 합니다.

서울대 합격생 중에는 독서 목록에 성경이나 어린 시절 읽은 아동용 동화, 소설을 써내는 경우도 종종 있습니다. 저의 제자 중에는 중학생일 때 처음 만나 대학에 입학할 때까지도 연락을 주고받은 서울대 경영대에 수시 합격한 대치동 출신 학생이 있습니다. 이 학생은 고교 학생부에 독서 기록으로《돈키호테》를 제출했다고 합니다. 중학교 3학년 때 학원 논술 수업에서 이 책을 처음 읽었는데 이후 고등학생이 되어 다시 읽고는 돈키호테의 무모함이야말로 경영자에게 필요한 혁신적 사고방식, 과감하게 도전하는 기업가 정신에 비유될 수 있다는 자신만의 해석을 내놓아 좋은 평가를 받았다고 합니다. 또 윤동주 시인의 유고 시집 서문에서 정지용 시인이 그를 저항 시인이 아닌 서정 시인으로 표현한 부분을 우연히 찾아내고는 교과서에서 일반적으로 배워온 저항 시인이라는 설명에 묻혀 있던 윤동주 시인의 또 다른 모습을 강조하는 보고서를 작성하기도 했습니다.

독서는 지식과 정보를 제공할 뿐 아니라 그 책에서 나만의 배움을 길어낼 수 있는 생각의 힘을 가르쳐주는 정말 좋은 공부법입니다. 그러면 몇 가지 방법을 통해 생각의 힘을 키우는 독서가 무엇인지 더 자세히 알아보도록 하겠습니다.

우화에서 지혜를 길어 올린다

어린 시절 읽는 문학작품은 동물, 식물을 주인공으로 한 우화일 때가 많습니다. 우화집은 쉽게 읽히면서도 많은 생각을 하게 해주는 좋은 책입니다. 대표적으로는《이솝이야기》,《꽃들에게 희망을》,《브레멘 음악대》,《토끼전》 같은 작품이 있고, 고전 중에는 《금수회의록》, 중학생에게도 사랑받는《동물농장》등이 있습니다.

일단 우화에는 상징과 비유가 가득하며, 그 속에 비판과 풍자라는 주제 의식이 담겨 있습니다. 우화를 이해한다는 것은 이미 이런 상징을 파악하고 상황에 맞게 교훈을 이끌어낼 수 있는 사고력이 있음을 의미합니다. 우화는 보통 어린 시절에 재미 삼아 읽다가 그 깊은 뜻을 깨우치지 못하고 잊히는 경우가 많습니다. 하지만 사고력이 뛰어난 아이는 우화에서 얻은 상징의 이미지와 풍자의 인상을 오래 간직하고 여러 상황에 대입합니다.

예를 들어《꽃들에게 희망을》에서는 경쟁 사회의 피로감과 허무함, 인간성 상실과 자아실현 등 여러 주제를 찾아낼 수 있고, 이를 사회학이나 교육학, 심지어 의학 분야로 깨달음을 확장해나갈 수 있습니다.

또《동물농장》을 읽으며 전체주의 사회의 위험성, 대중 통제와 언론 조작 같은 사회문제의 단면을 엿보는 동시에 권위에 저항하는 자유, 민주주의 정신을 떠올릴 수도 있습니다. 그리고 정치학과 언론학, 공학에 이 같은 문제의식을 연결하여 진로 목표를 밝힐 수도 있습니다. 이것이 쉬운 책에서 아주 깊이 있는 생각을 끌어내는 패턴이며, 서울대 합격생의 독서 포트폴리오에 우화가 자주 등장하는 이유이기도 합니다.

고전으로 '감히' 생각하는 법을 훈련한다

고전은 서울대 합격생 독서 포트폴리오의 단골손님입니다. '서울대 고전 100선'은 의외로 너무 어려워서 학생이 쉽게 읽을 만한 목록이 많지 않습니다. 꼭 이 목록에 있는 책이 아니라도 상관없습니다. 다만 고전으로서의 가치가 인정될 만한, 시대를 대표할 만한 위대한 사상가 혹은 지식인의 저작이면 됩니다.

서울대 합격생 독서 포트폴리오에 고전이 자주 등장하는 이유는 아무래도 책의 권위와 위상이 높기 때문일 것입니다. 이런 책을 읽고 소화할 정도의 지적 능력을 입증하는 것이지요. 대표적으로는 마키아벨리의 《군주론》, 플라톤의 《국가》, 정약용의 《목민심서》, 공자의 《논어》 등이 있습니다. 현대적 고전으로는 칼 세이건의 《코스모스》, 존 롤스의 《정의론》, 헨리 데이비드 소로의 《시민 불복종》 또는 《월든》, 아담 스미스의 《국부론》, 토마스 쿤의 《과학 혁명의 구조》, 마셜 맥루한의 《미디어의 이해》 등이 대표적입니다.

이 책들은 학생이 이해하기도 쉽지 않을 뿐 아니라 이해했더라도 그 내용에 압도되는 경우가 많습니다. 출간 당시에는 혁신적이면서도 파괴적일 정도로 기존 사상에 도전하는 주장들이었지만 현대인의 기준에서는 너무 당연한 이야기로 받아들여지는 경우가 대부분입니다. 그러다 보니 힘들게 고전을 읽어낸 후에도 정작 스스로 생각해낸 것이 없어 난처해지는 경우가 많습니다.

그래서 서울대 합격생이 독서 포트폴리오에서 고전을 언급할 때 자주 보이는 패턴을 주목해봐야 합니다. '감히' 위대한 사상가의 주장이나 생각을 반박하거나 비틀어보는 시도가 바로 그것입니다. 물론 제대로 이해하지 못하고 하는 비판은 오히려 독이 됩니다. 하지만 제대로 이해한 고전의 가치는 그 사상이나 주장을 무조건 받아들이는 데 있지 않고, 오히려 거기서 한 걸음 더 나아가보는 비판적 사고력을 기르는 데 있습니다.

예를 들어 《과학혁명의 구조》를 읽고 모든 지식 체계는 상대적이며, 권력에 의해 선택되는 것이라는 생각을 하게 되었다면, 우리에게 어떻게 '진리' 혹은 '지식'의 권위가 유지되고 이를 교육할 수 있는지 반문해볼 수 있을 것입니다. 《월든》이 보여주는 자본주의 사회에 대한 비판적 삶, 대안적 삶의 방식이 과연 현실적으로 실현 가능한지 생각해볼 수도 있습니다. 고전이 서울대 합격생의 독서 포트폴리오에 자주 등장하는 것은 그 안에 담긴 과거 지식이나 정보가 중요해서가 아니라, 그 고전이 우리의 생각을 자라나게 하는 강력한 파트너가 되기 때문임을 기억해야 합니다.

다독보다 정독을 우선하라

독서에는 여러 가지 방법론이 있습니다. 하지만 교육적으로 도움이 되는 독서법이라면 단연코 정독이고, 대치동에서도 독서학원 대부분이 정독을 가르치는 것을 목표로 합니다.

정독이란 보통 사실적 독해, 분석적 독해, 추론적 독해, 적용적 독해, 비판적 독해를 포함하는 능독적인 독서로, 원문의 의미를 이해하고 자기 말로 설명할 수 있는 독서를 말합니다. 정독은 따분하고 지루한 과정이 아니라 깊게 생각하며 책을 재미있게 읽어가는 과정입니다.

정독을 가르치기 위해 한 가지 기억해야 할 점은 처음부터 너무 어려운 책을 읽히는 것은 바람직하지 않다는 것입니다. 오히려 쉬운 내용을 여러 번 씹어 먹듯 즐기며 읽고, 생각하는 방법을 훈련해야 합니다. 따라서 모든 정보가 그대로 주어지는 책보다는 어느 정도 추론이나 해석이 필요한 책을 읽는 것이 도움이 됩니다. 쉬운 책으로 훈련을 마치면 더 높은 수준의 정독 능력을 필요로 하는 책으로 단계를 높여가며 생각하는 힘을 계속 훈련할 수 있습니다. 이 과정에서 독해력과 사고력이 함께 성장합니다.

정독 관점에서 볼 때, 학습만화는 큰 도움이 되지 않습니다. 시간을 두고 곱씹어가며 이해할 만한 내용이 거의 없기 때문입니다. 학습만화의 목적은 어렵고 지겨운 내용을 쉽게 전달하는 것입니다. 따라서 학습만화는 정독 훈련보다는 다양한 정보 습득에 도움이 됩니다. 학습에 도움이 되는 정보를 빠르고 재미있게 얻는 것입니다.

대치동에서는 학습만화를 권장할까요? 권장하지는 않지만 필요에 맞게 활용합니다. 대치동 학생도 당연히 학습만화를 즐겨 봅니다. 다만 다른 지역과 차이가 있다면 학습만화만 보느냐, 학습만화 이외의 도서, 즉 정독이 필요한 독서 활동도 함께하느냐인 것 같습니다.

보통 역사 공부에 학습만화가 도움을 주는 경우가 많습니다. 정보가 많고 어려운 내용을 그림으로 이해시키고, 대화로 설명하면 아이가 쉽게 흥미를 갖기 때문입니다. 그런데 여기에서 그치면 결국 학습 과정에서 활용도가 떨어집니다. 체계적인 지식으로 기억해 내거나 문제 풀이 등에 응용하기가 불가능하기 때문입니다. 그래서 학습만화는 입문용으로만 활용하고, 이후에는 정독할 수 있는 책으로 다시 학습을 해야 합니다. 애초에 학습만화 없이 줄글로 된 책을 잘 읽는 학생이라면 시간을 절약할 수 있습니다. 반대로 학습만화로만 정보를 습득해온 학생은 학습만화가 없어지는 시점이 되면 책 읽기 자체에 흥미를 잃고, 학습과 연관된 독서 활동을 그만두어 버립니다.

이 차이가 쉽게 드러나는 것이 초등학교 3~4학년 때입니다. 어느 정도 독서 습관도 잡혀 있고 읽기 독립을 이룬 친구도 학습 단계와 연관된 폭넓은 독서 활동에 준비되지 않으면, 독서 편식이 시작되고 읽고 싶은 책만 읽는 수준에 머무릅니다. 그러다 5학년이 되어 학습 부담이 급격히 늘어나면 자연스럽게 아예 책을 읽지 않게 됩니다. 당장 수학학원, 영어학원이 중요해 보이니 부모도 독서에 우선순위를 두지 않고, 꾸준히 독서 역량을 길러가는 데 관심을 갖지 못합니다.

독서 역량 관점에서 볼 때, 초등학교 3학년이 되면 이미 독서 습관과 독서 역량의 기본기 차이가 서서히 드러나는 것 같습니다. 이후로는 책을 억지로 읽히려는 부모와 읽기 싫고 힘들어하는 자녀 사이의 갈등만 남습니다. '학원 스케줄이 바쁘니 아쉽지만 어쩔 수 없어' 하는 생각으로 초등 고학년 시기를 포기하면 중학생이 된 이후 독서 습관을 형성하기란 거의 불가능에 가까워집니다.

어쩌면 이것이 서울대에서도 아직까지 독서 역량을 중시하는 이유인 것 같습니다. 오랫동안 꾸준히 독서하며 생각의 힘을 길러 왔는지, 아니면 그냥 학원에 다니며 남들 하는 만큼 적당한 문제 풀이 수준으로 공부해 왔는지 확인하고 싶은 것입니다.

문학과 비문학을 모두 읽혀라

아이의 독서 역량을 꾸준히 길러주려면 어떻게 해야 할까요? 목표는 문학과 비문학의 균형감을 유지하는 것입니다. 대부분 고학년이 되면 독서에 흥미를 잃는데 특히 비문학에 대한 흥미가 급격히 떨어집니다. 그런데 학습에 도움이 되는 도서는 대부분 비문학,

그러니까 사회와 과학 혹은 철학 주제를 다루는 책입니다. 따라서 초등학교 저학년 때부터 비문학 독서 경험을 쌓지 않으면 어느새 어휘와 배경지식이 약해져 비문학 독서 활동이 너무 어렵게 느껴지고, 결국 재미가 없어 포기하게 됩니다.

책을 좋아하지만 학습에 어려움을 겪는 아이가 있다면 십중팔구 비문학 독서 활동이 부족한 경우입니다. 반대로 비문학만 좋아하고 문학을 싫어하는 아이는 상대적으로 학습에 어려움을 겪는 경우가 적습니다. 이 아이들은 문학 대신 다른 매체에서 즐거움을 얻으며, 성향상 문학적 독서 활동에 큰 흥미가 없을 수도 있습니다. 이 경우는 나중에 다시 문학적 재미를 발견할 수도 있습니다. 또 학습 측면에서 독서 역량이 부족하다는 지적을 받지는 않습니다. 하지만 문학만 좋아하고 비문학에 겁을 내는 아이는 고등학생이 된 이후 학습 과정에서 상대적으로 한계를 느낍니다.

한국문학과 한국고전을 읽혀라

초등 고학년 시기 한 가지 더 강조하고 싶은 것이 바로 한국문학과 한국고전 읽기입니다. 이 책들은 요즘 아이들에게 인기가 없습니다. 현대문학과 달리 학습에 도움이 되는 교과서 작품은 대부분 근현대 작품이나 고전으로 아이들이 재미없어합니다. 6·25나 일제강점기 배경, 고려나 조선 사회 풍경이 낯설기 때문인데, 아이들은 서양 문학 배경이나 사회상은 차라리 쉽게 이해하면서도 우리나라의 20세기 또는 옛 모습에는 공감하지 못합니다.

그런데 입시 관점에서 중요한 것은 오히려 한국문학입니다. 실제로 국어 시험에는 해외문학작품이 전혀 등장하지 않습니다. 그러다 보니 한국문학과 한국고전을 읽거나 이해한 경험이 국어 학습이나 입시에 영향을 줍니다. 이 관점에서 보면 초등학교 아이에게 김소월이나 윤동주를 읽히고,《동백꽃》이나《몽실언니》를 읽히는 것은 취미 활동이라기보다 학습에 가깝습니다. 그래서 당장은 재미가 없을 수도 있습니다.

이 지점에서도 대치동식 독서 훈련의 차별점이 있습니다. 대치동에서 독서는 취미 또는 기본 소양이기 때문에 중요한 문제로 여기지 않습니다. 그냥 일상일 뿐입니다. 다만 중학교 교과서에 등장하는 소설이나 시, 수필 같은 작품을 전혀 접해본 적 없이 학교에서 처음 배우면 감상하는 작품이 아니라 암기해야 하는 문제로 생각하기 때문에 아이가 초등학생일 때 이런 작품을 미리미리 읽히는 편입니다.

대치동식 독서 훈련은 학습 목표도 뚜렷하고, 다음 시기를 대비하는 측면도 있습니다. 아이가 중·고등학생이 되면 이 독서 훈련은 진가를 발휘합니다. 중·고등학생 때는 시간이 없어 원작을 읽지 못할 뿐 아니라, 낯선 작품을 감상할 독서력이 없어 즐겁게 감상할 수도 없습니다. 현실적으로 이런 재미를 느끼려면 성인이 된 뒤에 다시 문학작품을 접할 기회를 얻어야 할 것입니다. 단, 운이 좋다면 말입니다.

질문하며 읽어라

누구나 강조하는 것이지만 독서에서 질문은 정말 중요합니다. 독서를 하지만 생각하며 읽지 않으면 기억도 나지 않고 질문도 생기지 않습니다. 하지만 한 권을 읽더라도 생각하며 읽으면 질문이 생기고, 질문하며 읽을수록 사고력이 풍부해집니다.

처음 책을 읽으면서 스스로 질문을 던지기는 어렵기 때문에 파트너가 필요합니다. 보통 초등 저학년 때까지는 대부분 부모가 이 역할을 합니다. 그런데 독서량이 늘어나고, 부모와 자녀가 모두 바빠지면 시간을 맞추기 어려워 학교나 학원에서 또래와 함께 책 읽는 경험을 많이 합니다. 독서가 수업 형태로 바뀌는 것입니다. 독서는 일방적인 강의로 배우는 것이 아니기 때문에 발표나 의견 나눔, 토론 방식으로 함께 읽어나가게 되는데, 이때 꼭 기억해야 하는 원칙이 바로 '질문하기'입니다.

질문은 궁금한 점이 있을 때 손을 들고 묻는 것이라고 생각할 수도 있습니다. 그러면 아이들은 궁금한 것이 없다고 하며 질문을 하지 않습니다. 질문을 많이 하면 모르는 것이 많아 수업 진행을 방해하는 아이로 눈총을 받기 때문입니다. 질문이 없는 아이는 어른이나 선생님에게 질문을 받는 입장에만 익숙해질 수 있습니다.

그래서 아이에게 질문하는 법도 가르치는 것이 좋습니다. 질문은 모를 때만 하는 것이 아니라 무언가 더 알고 싶을 때, 궁금할 때도 할 수 있는 것이라고 설명해 주어야 합니다. 처음에는 일부러 질문을 하게 해보면서 훈련하는 것이 좋습니다. 여기에 충분히 익숙해지면 점차 스스로 질문을 던지게 됩니다.

교육 관점에서도 내가 읽고 배운 것을 올바로 이해했는지 점검하기 위해 스스로 질문을 던져야 합니다. 어떤 내용을 충분히 알고 있다고 생각하면 처음에는 호기심이 생기지 않습니다. 그런데 다른 사람의 질문을 받거나 스스로 의문점을 찾아내면 관심이 생깁니다. 이를 바탕으로 몇 번 질문을 던져보면 내가 알고 있다고 여긴 것 중에도 제대로 알지 못한 것이나 잊어버린 것이 많다는 점을 깨닫습니다. 이것이 질문의 큰 효용입니다.

질문은 몰라서 하는 것이 아니라 배우기 위해 하는 것입니다. 이미 알고 있는 내용도 질문을 통해 익히면 더 잘 이해하게 됩니다. 아이가 질문에 인색해지는 것은 질문에 관대하지 않고, 질문을 귀찮아하는 어른의 문화 때문입니다. 책을 잘 읽는 아이로 키우려면 꼭 질문하는 습관을 길러주길 바랍니다.

대치동 1% 독서 로드맵

취학 전 시기

- 취학 전 독서는 특별한 기준이나 원칙 없이 즐겁게, 다양하게, 많이 경험하게 할 것

- 독서 자신감을 위해 읽기 독립을 위한 준비를 7세까지는 마칠 것

- 소리 내어 읽기, 끊어 읽기, 적당한 빠르기로 정확하게 읽기 훈련을 할 것

- 혼자 조용히, 천천히, 빠져들어 읽는 시간과 환경을 충분히 확보해줄 것(질문을 너무 자주 하면 읽는 경험이 방해받을 수 있음)

- 어릴수록 놀이하듯 읽히고 책과 친해지게 할 것

초등학교 1~2학년

- 초등학교 저학년이 되면 글밥을 늘려가거나 독서량을 늘리는 훈련을 할 것

- 아직까지는 문학 비중이 높지만 점차 비문학 독서에 눈을 뜰 수 있도록 독서 목록 선정에도 신경 쓸 것(초등 3학년부터 본격적으로 비문학 도서 비중이 늘어남)

- 저학년 때는 글쓰기에 욕심을 내기보다 꾸준히 정리하는 습

관을 길러주는 것을 목표로 글쓰기에 저항감을 줄여줄 것(조금씩 쓰는 데 익숙해지지 않으면 글쓰기는 더 싫어하게 됨)

- 매일 읽는 분량, 일주일에 읽는 분량을 객관적으로 파악하며 관리할 것(분량은 상관없으나 습관화하는 것이 중요함)

- 저학년 때부터 책 읽기에 저항이 심한 아이는 보상책을 사용할 수 있지만, 이것만으로는 독서에 지속적인 흥미를 갖게 하기 어려우므로 질문과 대화 같은 상호작용을 늘릴 것(필요하다면 독서나 토론 수업도 도움이 됨)

- 독후 활동 목표는 발표와 말하기에서 글쓰기로 발전해 나갈 것(글쓰기보다 말하기 훈련을 먼저 하는 것이 쉽고 자연스러움)

- 초3이 되기 전에 글밥 위주의 책을 혼자 읽을 수 있을 정도로 훈련하되, 아이가 부담을 느끼지 않는 수준에서 시작하여 점차 분량을 늘리고 난도를 높여갈 것

초등학교 3~4학년

- 초3이 되면 책 수준이 한 번에 높아지므로 독서 역량을 미리미리 훈련할 것(동화책이 사라지고 도서 크기 자체가 작아지면서 삽화도 줄어듦)

- 초3부터는 독서 시간을 따로 정해둘 것(영어, 사회, 과학처럼 학습 과목이 늘어나기 때문에 독서 시간을 미리 확보하지 않으면 책 읽는

시간, 습관 자체가 사라짐)

- 비문학 기초를 함께 만들 수 있도록 독서를 통해 사회, 과학 배경지식을 꾸준하게 쌓을 것
- 정보 습득에는 학습만화도 도움이 될 수 있으니 적절히 활용하되, 학습만화는 정독에 적합한 도서가 아니며 정독하는 독해력을 기르는 데 도움이 되지 않는다는 한계점도 분명히 인식할 것
- 초 4가 되면 독서를 통해 한국사에 대한 기본 이해를 닦을 것 (초 5 사회 과목에서 본격적으로 한국사 학습이 시작되며, 한국사를 이해해야 한국문학, 한국고전 읽기가 가능해짐)
- 역사책은 단권은 물론 다양한 시리즈 전집이 있으므로 아이에게 맞는 것을 취사선택하되, 분량이 너무 많지 않은 것을 고를 것

초등학교 5~6학년

- 사회의 경우 중학교 공부에 직접적으로 연결되는 경제, 정치, 미디어, 문화 등 학습 주제가 많아져 도서 수준이 어려워지는 점에 유의할 것
- 여러 권을 읽지 않더라도 분야별로 한 학기 최소 한 권씩 다양하게 읽도록 목표할 것

- 과학의 경우 물리, 화학보다 생명과학, 지구과학에 해당하는 주제를 다룰 것(상대적으로 물리, 화학 주제는 어렵고 추상적인 개념이 많아 초등 시기에 독서로만 학습하기에는 한계가 있음)
- 사회 과목 중에서는 세계화나 국제 이슈, 과학 과목 중에서는 환경 이슈를 다루는 도서를 다양하게 읽힐 것(학습이나 진로 선택에 도움이 될 수 있음)
- 세계사를 익히되, 내용이 방대하므로 지역별, 문화별, 주제별로 조금씩 교양을 넓히는 독서 계획을 세울 것
- 국어의 경우 학습 목표에 따라 한국문학, 한국고전을 읽는 경험을 꾸준히 할 것
- 한국문학의 경우 일제강점기나 근현대사에 대한 배경지식이 필요하다는 점을 유의할 것
- 한국고전을 읽을 때는 원문까지 읽을 필요는 없고, 쉽게 쓰인 초등학생 버전을 읽힐 것(내용 이해도를 높여주기 위함)
- 한국사를 좀 더 자세하게 다룬 도서를 골라 심화할 수 있게 읽힐 것

중학교 시기

- 학교 시험이 없는 중학교 1학년 시기는 독서의 마지막 골든 타임이므로, 최대한 독서에 시간을 투자할 것

- 교과서 작품을 읽은 뒤에는 책 뒤 해설을 읽거나 문제 풀이 연습을 통해 문학작품 공부 감각을 키울 것
- 윤동주, 김소월, 백석 같은 중요한 한국문학가의 시를 직접 읽고 감상하는 능력을 키울 것(가급적 청소년을 위한 해설이 담긴 책을 추천함)
- 한국 단편, 중편소설을 많이 읽어볼 것(시험에 자주 출제되며, 연계 문제로도 다뤄짐)
- 한국고전 작품을 읽을 때는 완벽히 이해하지 못하더라도 원문을 직접 눈으로 보고 소리 내어 읽어보는 경험을 할 것(중세 국어 공부와도 연관됨)
- 비문학 독서의 경우 중학생 수준 도서가 어렵다면 과감하게 초등 고학년 도서를 선택할 것(지식 수준은 비슷하나 훨씬 쉽게 쓰여 있어 이해가 수월하고, 시간이 적게 걸림)
- 경제, 철학 주제는 꼭 독서 목록에 포함할 것(수능 국어 비문학에 결정적인 도움이 됨)
- 수학, 과학의 경우 일상 사례에 수학, 과학 원리가 어떻게 적용되는지 설명하는 책을 선택할 것(정보만 다루는 학습만화는 도움이 되지 않음)
- 세계 고전을 한 학기에 최소 한 권 이상 읽겠다는 목표를 세울 것

- 짧더라도 독서 기록을 꾸준히 남기고, 특히 내용 요약과 함께 자신이 생각하고 고민한 내용을 최대한 구체적으로 남길 것 (향후 고등학교 학생부에 반영하거나, 대입 자소서에 녹여 쓸 수도 있음)

02
독해하는 힘을 기르는 국어

책을 많이 읽어도 해결되지 않는 국어문법

지금까지 설명한 독서 역량은 국어 공부에 분명 도움이 되지만 그렇다고 국어 공부를 대신할 수는 없습니다. 둘은 엄연히 다른 영역이기 때문입니다.

독서는 모든 공부에 필요한 기본 역량에 해당하며, 주로 사고력을 길러줍니다. 그에 비해 국어는 수학, 영어처럼 하나의 교과목이며 학습된 지식을 시험으로 평가받는 대상 그 자체입니다. 그래서 대치동 아이가 국어학원 2개를 다닌다고 말하면 보통 독서논술학원 하나, 국어학원 하나를 다니는 것입니다. 국어가 독서와 구분된다는 점을 이해하는 것은 중요합니다. 책 많이 읽으면 국어 잘하던 시대는 이미 지나갔기 때문입니다.

2028 수능에서 국어문법이 더 중요해진 이유

책을 많이 읽어도 해결되지 않는 대표적인 국어 영역이 바로 '문법'입니다. 올바른 국어문법은 책을 많이 읽어도 알 수 없습니다. 일상적 구어체와는 다르게 문법적으로 옳고 그름을 따져야 하기 때문입니다. 심지어 현대에는 사용하지 않는 옛 우리말, 흔히 '중세 국어문법'이라고 부르는 부분까지 배워야 합니다. 이 점에서 국어는 교과 지식 영역에 해당하며, 독서와 구분되는 별도의 공부가 필요한 것이 사실입니다.

2028 대입 개편으로 통합형 수능이 실시되면서 국어문법이 더 중요해졌습니다. 지금까지는 수능 국어 시험에서 선택과목으로 《언어와 매체》를 고른 학생만 국어문법을 공부했습니다. 반대로 《화법과 작문》을 선택한 학생은 수능 국어에도 문법 문제가 출제되지 않았습니다. 하지만 통합형 수능으로 바뀌면서 이 선택지가 사라졌고 두 과목이 모두 공통범위로 포함되었습니다. 국어문법이 선택이 아니라 모든 수험생의 필수 과목이 된 것입니다.

다만 문법 공부는 한국사와 마찬가지로 등급을 결정짓는 어려운 내용이 아니기 때문에 너무 겁먹을 필요는 없습니다. 너무 모르지는 않게 초·중등 시기 학교 수업을 충실히 듣고, 시험공부를 하면 고등학교에 가서 어려울 일이 없습니다.

국어문법을 초 6에 시작해도 충분한 이유

먼저 초등학교에서도 국어문법을 배웁니다. 예를 들어 '단어'와 '문장', '음운'과 같이 우리말의 기본이 되는 요소를 배우고, 품사나 문장성분, 자음동화와 모음동화 같은 음운법칙도 배웁니다. 그런데 초등학생 때는 시험을 보지 않기 때문에 아무리 강조해도 아이들이 일상생활에서 사용하지 않는 국어문법을 암기하며 공부할 이유를 찾기가 어렵습니다.

문법 공부 적기는 중학교에 올라가기 직전, 초등학교 6학년 여름방학이나 겨울방학 정도입니다. 문법은 휘발성이 크기 때문에 미리 공부해도 다 잊어버리기 쉽습니다. 그래서 문법을 공부할 때는 암기보다는 이해에 초점을 맞춰야 합니다. 또 한 번에 몰아서 공부하는 것이 좋습니다. 평소 학교에서 배울 때는 전체 문법 중 일부 내용만 조금씩 배우기 때문에 국어문법 전체 체계를 이해하기에는 비효율적입니다. 하지만 강의를 통해 초등학교 국어문법을 총정리하듯 한 번에 배우면 전체 내용을 그려볼 수 있습니다.

초등학교에서 배우는 국어문법은 생각보다 중요합니다. 수능시험의 기초가 되기 때문입니다. 예를 들어 아이들이 수능 시험에서 어려워하는 능동과 피동, 주동과 사동 같은 국어문법 개념은 초등학교 때 처음 배웁니다. 완벽하게 외울 정도는 아니지만 그것이 무엇인지 설명을 다시 들으면 기억을 되살려 스스로 이해할 수 있을 정도로는 공부해 두어야 합니다.

국어문법은 특히 중학생이 되기 전 꼭 한 번은 정리해야 합니다. 중학교에 가면 학생이 초등학교에서 배우는 국어문법 내용 중 문장성분이나 문법 요소 등을 이미 알고 있다고 전제하고 가르칩니다. 따라서 늦어도 중학교 1학년까지는 초등 국어문법을 한 번 이상 정리해두는 것이 좋습니다.

중등 국어문법도 초등 국어문법처럼 한 번에 몰아서 공부하는 것이 효율적입니다. 실제로 두 내용은 연결되는 부분도 많습니다. 대치동에서는 방학 기간 중 4주 정도 특강으로 중등 국어문법 정리를 마칩니다. 이후 한두 번 정도 반복하면 국어문법이 더는 어렵지 않습니다.

중등 국어문법은 나중에 고등학교 때 배우는 국어문법의 80% 이상을 차지합니다. 중세국어를 깊이 있게 공부하는 부분이나 문법적 예외 현상을 세밀하게 다루는 부분을 제외하면 대부분 중학교 때 공부로 끝난다고 보면 됩니다. 따라서 전체 국어문법의 체계적인 이해를 중학교 시기에 끝마친다고 생각하면 내신과 수능 공부에서 시간을 절약할 수 있습니다.

비문학보다 문학이 중요한 이유

초등 시기에는 문학을 비문학보다 더 우선해야 합니다. 국어 관점에서는 그렇습니다. 일단 중학교 내신 시험에는 한국문학작품만 출제됩니다. 학교마다 일부 차이는 있을 수 있으나 대부분 그렇습니다. 고등학교에 가면 《독서》라는 과목이 있는데, 이때부터는 비문학 영역도 내신 시험에 출제된다고 보면 됩니다. 따라서 중학생 시기까지 국어 공부의 1차적 목표는 항상 문학입니다.

수능 시험을 공부하는 고등학생도 문학을 먼저 공부하게 합니다. 상위권이 되려면 먼저 문학 문제에서 예외 없이 만점을 받아야 하기 때문입니다. 문학, 문법 문제를 하나도 틀리지 않을 정도로 탄탄한 기본기를 갖춰야 비로소 비문학에 시간을 투자할 수 있습니다. 문학과 문법을 빠르게 풀어내는 실력을 갖춘 뒤에 비문학 실력을 키우고, 국어 1등급에 도전하는 것이 수능 국어 공부의 정석입니다. 문학 공부의 기초는 확실히 쌓아두어야 합니다.

문학 기본기를 독서와 연관 짓는 것은 당연하나, 독서를 열심히 한다고 문학 성적이 반드시 잘 나오는 것은 아닙니다. 독서는 주관적인 감상이 중요하지만, 문학 문제는 객관적 개념에 기초해 문제를 푸는 것이라 접근 방법에 차이가 있습니다. 수학, 영어와 달리 국어는 제시문을 먼저 읽고 문제를 풀어야 합니다. 독서가 길러주는 것은 제시문을 빠르게 읽고 이해하는 능력입니다. 하지만 문제를 풀 때는 문학 개념어를 정확히 이해하고 있어야 하는데, 독서 경험만으로는 이를 해결할 수 없습니다.

국어 시험을 대비하기 위해서는 대략 200개 정도의 문학 개념어를 익혀야 합니다. 이 개념어가 문제와 선지에 등장하기 때문입니다. 문학은 크게 운문과 산문, 즉 시와 소설로 나뉩니다. 예를 들어 시 문제를 풀기 위해서는 시적 화자/정서/태도/비유/상징/시상/이미지 등 세부 주제와 연관된 개념어를 학습해야 합니다. 한편 산문의 경우에는 대표적으로 소설을 분석하기 위한 문학 개념어를 학습해야 하는데 서술자/시점/서술 방식/인물/배경/소재/사건/갈등/희곡/시나리오 등의 영역으로 나누어 세부적으로 공부할 필요가 있습니다. 각 문제에서 언급되는 개념어의 정확한 의미를 이해해야 헷갈리지 않고 출제자의 의도대로 문제를 풀 수 있습니다.

개념 학습 이후에는 이를 문제에 적용하고 풀이하는 응용 과정을 거쳐야 합니다. 초등 시기 문학 문제집을 풀 때는 개념 파트에서 설명하는 내용을 제시문 독해와 문제 풀이에 정확하게 적용하는 감각을 익히는 것을 목표해야 합니다. 모든 문학작품을 외워서 시험에 대비할 수 없습니다. 시험에서는 반드시 낯선 작품을 만나게 됩니다. 어떤 작품을 만나더라도 논리적으로 읽고, 객관적으로 생각하며 독해력으로 문제 풀이를 할 수 있는 능력을 키워야 합니다. 이 모든 연결 고리가 바로 문학 개념어입니다.

학교에서 배우는 문학 개념은 단계적으로 세분화되어 있으니 그때그때 집중해서 습득하는 것이 중요합니다. 하지만 수학에 비해 개념이 너무 산발적으로 등장하기 때문에 문학 개념도 체계적으로 이해하기 위해서는 총정리가 필요합니다. 대치동 학생들이 자주 사용하는 국어 개념 문제집이 EBS에서 나온 《윤혜정의 개념의 나비효과》같은 교재입니다. 국어의 전체 개념어를 정리해놓은 총서 같은 책인데, 마치 영어 문법을 한 번 총정리하듯 문학 개념도 중학생 때 한 번 이상 체계를 잡아주는 것이 중요합니다.

문학 개념을 총정리하기 적합한 시기는 보통 중학교 2~3학년입니다. 초등학교 때부터 중학교 1학년 때까지는 학교 수업 중심으로 학습하고, 이것이 어느 정도 쌓였을 때 총정리하는 것이 효율적입니다. 더 근본적으로 초등 시기에는 전체적으로 독서에 무게를 두고, 초등 고학년부터 문제집 풀이를 시작하되, 빠르면 중학교 1학년 말, 늦어도 중학교 3학년 때는 한 번 정도 문학 개념어를 총정리하는 공부를 추천합니다.

스키마로 다지는 비문학 실력

한동안 문해력 논란이 일면서 비문학 독해 문제집에 대한 관심이 크게 높아졌습니다. 하지만 시중에는 아직도 제대로 된 비문학 문제집이 많지 않습니다. 특히 초등학생이나 중학생을 위한 비문학 문제집은 거의 찾아보기 힘듭니다. 비문학은 다뤄야 하는 내용이 방대하면서도 당장 시급하지는 않은 과목이라 미리 대비하기가 어렵습니다. 그렇기 때문에 결코 놓쳐서는 안 되는 것이 바로 비문학 독서 습관입니다.

초등 시기에 비문학을 준비할 때는 문제 풀이보다 독서를 통해 배경지식의 폭을 넓히는 것이 좋습니다. 책은 딱딱한 개념을 다양한 사례와 엮어 유기적으로 설명하기 때문에 어렵고 추상적인 내용을 이해하는 데 도움이 됩니다. 특히 경제나 철학, 물리와 화학 같은 교과 내용은 교과서 설명만으로 충분히 익히기에 부족함이 많습니다. 더 많은 사례를 충분히 접하려면 독서를 병행하는 것이 좋습니다.

고등학교에 가서 비문학 때문에 어려움을 겪는 아이들이 시간이 부족하다는 말을 자주 합니다. 부모는 이 말을 듣고 아이를 속독학원에 보내거나 독해 훈련 수업을 찾기도 합니다. 하지만 비문학에서 문제 풀이 시간이 부족한 것은 독해 스킬이 부족해서가 아니라 스키마가 부족한 탓입니다. 정확하게 이해하지 못하니 시간이 오래 걸리는 것입니다. 실제로 시간이 부족해서 문제를 풀지 못했다고 말하는 아이들에게 시간을 충분히 줘봐도 문제를 풀지 못하는 것을 보면 핵심은 독해 스킬이 아니라 스키마입니다. 나중에 탐

과목을 다루면서 또 설명하셨지만 문과 성향 아이는 과학 스키마가 취약하고, 이과 성향 아이는 사회 스키마가 취약해서 불균형적인 스키마 수준을 보일 때가 많습니다. 취약한 스키마 영역에서 독해에 어려움을 겪고 비문학 성적도 하락하는 것입니다.

결국 스키마를 충분히 쌓기 위해 독서에 힘쓰는 것이 비문학을 잘하는 가장 좋은 비결입니다. 물론 짧은 비문학 제시문에 근거하여 내용 일치, 불일치 문제를 풀거나 추론적인 독해력 문제를 푸는 연습을 하는 것도 바람직합니다. 하지만 장기적으로 문제 풀이보다 더 큰 힘을 발휘하는 것은 독서입니다.

비문학은 천천히, 장기적으로

국어 1등급을 맞는 인원은 수능 전체 응시 인원의 4%에 불과합니다. 심지어 국어 1등급을 받지 못해도 의대나 SKY에 진학할 수 있습니다. 따라서 당장 국어 1등급이 절박한 시점이 아니라면 비문학에 너무 큰 부담감을 느낄 필요는 없습니다. 차근차근 문법 공부, 문학 공부를 통해 국어 기본기를 쌓고, 학교 수업을 충실히 듣는 것으로도 국어 3등급 이상은 충분히 가능합니다.

반대로 어려서부터 독서도 하지 않고 문학, 문법 기초 개념을 제대로 익혀놓지 않아 막판에 고생하는 고등학생도 많습니다. 이런 학생들이 학원을 다녀도 성적이 잘 오르지 않는 것은 국어 실력

향상을 위한 꾸준한 노력을 게을리했기 때문이지, 새삼스레 국어가 어려워진 탓은 아닙니다. 비문학은 특히 더 장기적인 준비가 필요합니다. 다시 한 번 강조하지만 비문학 실력의 핵심은 꾸준한 독서입니다.

독해 훈련의 핵심은 요약

그럼에도 독해 훈련을 따로 하고 싶다면 가장 좋은 방법 하나를 소개하겠습니다. 바로 '요약하기'입니다. 비문학 제시문을 읽되 각 문단의 핵심 내용을 짧은 제목이나 한 문장으로 요약하는 훈련으로 시작하길 추천합니다. 이 훈련이 익숙해지면 여러 개 문단으로 이루어진 제시문을 한 단락 정도로 요약해보는 훈련으로 발전시킬 수 있습니다. 단, 이런 요약 훈련은 문학 공부에는 도움이 되지 않으니 비문학 공부에만 적용하길 바랍니다.

시는 요약할 필요가 없고, 소설은 요약하는 의미가 없습니다. 하지만 비문학은 길지 않은 제시문 내용에서 핵심만 정확히 논리적으로 분석해내는 독해력이 중요하므로 요약 훈련이 분명 도움이 됩니다. 신문 사설이나 기사문도 좋지만 그보다는 자기 수준에 맞는 비문학 제시문을 요약해볼 것을 추천합니다. 수능 기출문제나 EBS 교재, 모의고사 제시문 등으로 공부하는 것도 좋습니다.

구조적 독해에 대한 오해

독해력 훈련에서 가장 많이 언급되는 것이 바로 '구조적 독해'라는 용어일 것입니다. 흔히 중요 문장에 밑줄 치는 능력이라고 이해하는데, 이는 맞기도 하고 틀리기도 합니다. 더 정확하게 보면 구조적 독해는 글의 논리 구조를 이해하는 능력입니다. 논리 구조가 있는 글에 어울리는 독해 방법이지요. 하지만 내용 이해를 위한 스키마 없이 구조적 독해만으로 어떤 글이든 이해할 수 있다는 착각은 금물입니다.

구조적 독해를 일종의 속독 스킬로 오해해서 독해 시간을 단축하는 요령으로 가르치는 경우도 있습니다. 그런데 밑줄 치는 방식을 기계적으로 훈련하면 오히려 실제 시험장에서는 시간이 부족해집니다. 밑줄 치는 훈련은 핵심을 파악하기 위한 연습입니다. 밑줄 자체보다 더 중요한 것은 무엇이 핵심인지 파악하는 독해력입니다. 핵심이 아닌 문장에 밑줄 치는 습관이 들면 오히려 독해에 방해가 됩니다. 일정 분량 이상의 내용을 밑줄 없이 한 번에 읽어내고 핵심 문장을 파악하는 능력을 길러야 합니다.

구조적 독해는 빨리 읽기 위한 능력이 아니라 정확히 읽기 위한 능력으로 이해해야 합니다. 속도와 정확도 중 무엇이 중요할까요? 당연히 정확도가 중요합니다. 정확히 읽지 못하면 빠르게 읽는 것은 오해와 실수를 초래할 뿐입니다. 요약을 통해 핵심 문장을 찾아 읽는 연습을 하다 보면 글의 뼈대가 되는 중요한 내용과 그렇지 않은 내용을 구분하는 능력을 자연스레 터득하게 됩니다. 주장과 근거로 이루어지는 논리적 글의 특징을 제대로 파악할 수 있는 준비는 정독의 목표와도 일치합니다.

대치동 1% 국어 로드맵

취학 전 시기

- 독서를 통해 국어 공부의 기초 역량을 쌓을 것
- 어휘력 향상에 초점을 맞추고 다양한 어휘를 접할 수 있게 독서할 것
- 도서관에 자주 다니는 습관을 길러줄 것
- 한자어 학습을 통해 어휘력을 확장하고 개념어를 학습할 것 (쓰는 능력까지는 필요하지 않고, 한자어 뜻을 유추할 수 있을 정도면 충분함)
- 사자성어나 속담은 아이가 재미있는 놀이처럼 학습할 수 있도록 학습만화 등을 활용할 것

초등학교 1~2학년

- 한국 전통문화나 풍습, 한국사에 대한 이해도를 높여줄 것(한국 고전문학 학습의 배경지식이 됨)
- 전래동화는 고학년이 되면 흥미가 떨어지므로 미리 접해볼 것
- 시 쓰기, 노랫말 짓기를 통해 운문의 리듬감을 직접 이해하게 해줄 것

- 직접 소리 내어 시를 읽어보는 경험을 하게 해줄 것
- 일기 쓰기와 독후감 쓰기를 꾸준히 하기에 좋은 시기이므로 글쓰기 습관을 기를 것
- 공룡, 우주, 비행기, 로켓 등이나 발명품에 관심이 많다면 자연스럽게 과학, 공학 기술 주제 등을 독서하게할 것(사회과학, 철학 주제는 비교적 고학년 때가 더 효과적임)
- 띄어쓰기와 맞춤법 학습은 꾸준하게 필요하며, 가벼운 첨삭을 해줄 것(일주일에 한 번 이상 점검 추천)
- 적절한 속도와 발음으로 국어책 읽는 연습을 꾸준히 할 것(성독을 잘해야 음독을 할 수 있음)

초등학교 3~4학년

- 중요한 역사적 사건이나 인물(임진왜란과 이순신 등)에 관한 기록을 접하면서 역사, 사회 과목 배경지식을 함께 학습할 것
- 《장화홍련전》, 《홍길동전》, 《허생전》을 비롯한 고전문학을 통해 풍자, 사회비판, 계급사회와 개인 간 갈등 같은 주제 의식을 접하게 할 것(향후 문학작품의 공통적인 주제 의식을 파악하는 데 도움이 됨)
- 교과서 작품의 경우 원작을 찾아 전체 작품을 읽도록 도와줄 것

- 시회, 괴학 과목 힉습이 어렵지 않으므로 가급적 독서를 통해 배운 내용을 확장하고 심화할 것
- 문학을 싫어하거나 이해하지 못하는 아이에게는 등장인물의 감정에 이입할 수 있도록 주변 상황을 설명해줄 것(공감하기 어려울 때는 설명이 필요함)
- 아이가 이해한 것과 달리 작가의 의도한 바는 무엇인지 확인하는 질문을 던져줄 것
- 비문학을 싫어하는 아이는 배경지식이 부족하거나 어휘가 어려워서 그럴 수 있으니 좀 더 쉬운 수준의 도서 혹은 학습만화를 활용할 것
- 비문학의 경우 사회와 과학 도서를 골고루 읽혀 균형 있는 스키마를 쌓아줄 것
- 부모가 교과서를 직접 읽어보고 아이들의 배경지식, 교과 지식 수준이 적절한지 판단할 수 있는 기준을 세울 것

초등학교 5~6학년

- 본격적으로 국어 공부 감각을 길러야 하는 시기이므로 문제집 풀이를 시작할 것(목표는 국어의 기초 개념어 학습)
- 기초 개념일수록 학교 수업을 통해 반복해 배우는 것을 우선할 것

- 한자어 이해와 사자성어, 속담 등은 따로 책을 읽거나 문제집을 풀어가며 보완할 것
- 중학교 1학년까지도 학교에서 시험을 보지 않기 때문에 국어 문법이나 문학 개념을 총정리하는 시간을 따로 만들어줄 것
- 중학교 교과서 작품(시, 소설, 수필)을 미리 읽기 적합한 시기이므로 교과서 작품 읽기 콘셉트 도서를 통해 향후 작품 이해도를 높일 수 있게 할 것
- 비문학 훈련을 위해 독해 문제집을 풀되 국어 문제집이 아닌 비문학 문제집을 별도로 탐색해볼 것(구조적 독해 훈련이 가능한 문제집이면 더욱 좋음)
- 비문학 고득점을 위한 스키마를 충분히 쌓는 데는 문제 풀이보다 독서가 효과적임을 기억할 것
- 초등 저학년 시기에 비해 사회 과목 비문학 독서에 관심이 많아지므로 미디어, 정치, 법, 경제 및 경영, 국제 이슈 등과 관련된 독서를 통해 관련 배경지식을 넓힐 것

중학교 시기

- 중학교 1학년 때까지 국어문법 총정리를 1~2회 정도 해둘 것 (특강 추천)
- 문학 개념어를 총정리하기 위해 별도 문제집으로 공부할 것

(기본 개념서)

- 수능을 염두에 두고 체계적으로 문학, 문법의 기초를 닦을 것
  (중학교 국어 내신 성적보다 수능 기초를 준비한다는 비전이 중요함)

- 독서 역량이 부족하면 고등학교에 가서 여러 가지로 아쉬운 문제가 생기기 때문에 가능한 한 한국문학작품을 다양하게, 직접 감상하는 경험을 쌓을 것

- 중요한 문학 작가(김동리, 박완서, 황순원, 김유정, 나도향, 현덕, 현진건, 이태준 등)를 비롯해 주요 시인(김소월, 윤동주, 백석, 정호승, 정지용, 기형도 등)의 작품 또는 작품집을 읽어가며 문학작품에 자신감을 길러줄 것

- 위 작품들은 재미보다는 학습 목적으로 읽는 것인 만큼 주요 작품을 감상한 뒤에 작품 해설이나 비평을 반드시 읽게 하여 문학 이해의 관점을 확대하고, 문제 풀이와 연관된 국문학적 분석 시각을 습득하게 할 것

- 중편, 장편소설도 한 학기에 한두 편 이상 읽을 수 있도록 노력할 것(수능 시험이나 고등학교 내신에는 교과서 작품이지만 교과서에는 수록되지 않은 부분에서 문제가 출제되는 경향이 큼)

- 주제 의식이 비슷한 시와 소설을 함께 연결하여 감상, 학습할 것(내신과 수능에서는 작품을 연계하여 출제하는 경우가 많음)

- 고전시가를 학습해둘 것(뜻 해석이 가능한 수준)

- 사자성어나 한자어가 문제의 선지로 자주 출제되므로 그때그 때 문제를 풀고 학습하며, 따로 단어장을 만들어 정리할 것
- 중학교 교과서 작품과 고등학교 교과서 작품은 수준 차이가 크므로 중학교 시기 기초를 튼튼히 했다면 고등 시기 교과서 작품도 미리 읽어둘 것
- 근현대 문학작품 이해를 위해 한국사 배경지식을 점검할 것
- 문학, 문법에 어느 정도 준비되었다면 비문학 대비를 시작할 것
- 비문학의 경우 제시문에 근거한 문제 풀이 및 구조적 독해를 훈련하는 독해 문제집 풀이, 사회, 과학, 인문 영역에 해당하는 독서 경험을 충분히 쌓을 것(책 한 권을 제대로 이해하는 것이 관련 제시문 수십 개를 푸는 것보다 훨씬 효과적임)
- 중 2~3 정도에 고 1 수준의 비문학 제시문 풀이가 가능하므로, 고 1 모의고사 기출문제를 풀면서 독해력과 사회, 과학 스키마 수준을 테스트해볼 것
- 서술형 평가에 대비하기 위해 실수 없이 답안을 작성하는 훈련을 할 것

03
응용하는 힘을 기르는
수학

달라지는 수학 학습법: 수학적 사고력 기르기

고교학점제 도입 이후 내신 경쟁은 5등급제로 완화되었고, 수능 수학에서는 미적분과 기하가 빠지게 되었습니다. 크게 보면 소모적인 내신 경쟁은 줄어들고 1등급을 받을 가능성은 커졌습니다. 혹시나 실수로 2등급이 되더라도 전체 학생의 1/3 가까이가 수학 2등급에 해당하니 혼자 뒤떨어질 것 같은 불안감은 접어 두어도 좋습니다.

수능과 관련해서 가장 어려운 《미적분 II》가 시험 범위에서 빠졌기 때문에 수학 선행 부담 역시 줄어들었습니다. 미리 겁먹고 수능 수학을 포기하지 않아도 되며, 천천히 자기 속도에 맞춰 기본 개념 학습과 응용 연습, 심화 학습을 할 기회가 생겼습니다. 앞으로는 빠른 수학 선행이 아니라 바른 수학 공부 습관이 중요해질 것입니다.

수학은 하나의 과목이면서 동시에 공부법을 터득하기 가장 좋은 수단이기도 합니다. 답과 풀이 과정이 명확하기 때문에 채점하면서 틀린 부분을 찾아 혼자 복습하기 좋습니다. 중·고등학생이 되어도 수학만큼 알고 모르는 것의 차이가 분명한 과목은 없습니다. 그래서 알 때까지 공부하고, 풀 수 있을 때까지 오랫동안 고민하는 훈련을 하기 좋은 과목이 바로 수학입니다.

동시에 수학은 성취감을 얻기에도 매우 좋은 과목입니다. 정해진 개념을 학습하면 이를 적용하거나 응용해 보면서 다양한 문제를 풀 수 있기 때문입니다. 즉, 수학은 개념 학습과 응용을 반복하는 과정을 통해 자신이 노력하고 이해한 만큼 성적으로 보상받을 수 있는 과목입니다.

하지만 수학에 대한 오해와 공포가 수학 공부의 매력을 다 망쳐놓고 있습니다. 무조건 높은 성적만을 요구하거나, 무리한 선행 진도를 강요하고, 실수가 없는 완벽한 풀이를 내놓아야 한다는 강박관념을 심어준 탓에 아이들이 수학을 포기할 뿐 아니라 혐오하는 지경에 이르렀습니다. 상위권 학생도 풀 수 없을 정도로 꼬고 변형

한 시험문제는 보통 학생을 수학 포기의 길로 내몰기도 합니다. 이 것이 우리 수학 공부의 현실입니다. 수학이 아니라 잘못된 수학 공부법이 아이를 위축시키고 수학과 멀어지게 하는 것입니다.

공부법을 배우기에 가장 좋은 과목이 수학임에도 학생들이 가장 공포스러워하고 싫어하는 과목이 수학이라는 점은 참 아이러니합니다. 그래서인지 수학에 거부감이나 공포감을 느끼는 학생 치고 성적이 상위권인 학생은 거의 본 적이 없습니다.

수학은 어쩌면 공부의 세계로 들어가는 관문일지도 모릅니다. 흔히 독서와 문해력이 학습의 기초 능력이라고 말하는데, 저는 수학이야말로 공부 원리를 터득할 수 있는 원동력이라고 생각합니다. 계속 강조하지만 수학은 알고 모르는 것의 차이와 배움 앞에서의 성취감과 겸손을 가르치는 중요한 과목입니다. 수학 공부 정서가 망가지면 공부 정서 전체가 망가집니다. 선행도 좋지만 수학 공부 감각을 잃어버리는 것만큼 비극적인 일이 없음을 기억해야 합니다.

기초 연산 능력을 꼼꼼하게 다지고 수학적 사고력을 키우는 것이 초등 시기 수학 공부의 목표가 되어야 한다는 점에 대부분의 수학 전문가들이 동의하고 있습니다. 반면 수학 실력을 선행 진도로 평가하는 것은 결코 수학 공부의 본질이 아니며, 대치동 수학 전문가 대부분도 이렇게 생각합니다. 실제로 빠른 선행을 끝마쳤다고 자신하는 학생을 만나보면 정작 방정식이 무엇이고, 미분이 무엇인지 자기 말로 설명할 수 있는 경우가 별로 없습니다. 기계적으로 문제를 풀 뿐, 미적이 왜 필요하고, 함수는 무엇을 위해 사용하는지 목적도 모르는 경우가 태반입니다.

모든 공부가 그러하듯 수학 공부도 학생의 발달 수준과 성장 단계에 맞춰 차근차근 진행해야 합니다. 진도를 빨리 나간 만큼 수학 실력이 완성될 수 있다면 수학 선행을 한 모두가 수능 1등급이 되어야 하지 않을까요. 실제로 수학 실력의 가장 높은 단계에서 필요한 것은 여러 가지 개념과 조건이 뒤섞인 문제에 알맞은 풀이법을 사고해내는 능력입니다. 이때 필요한 것은 연산 능력도 암기한 풀이법도 아닙니다. 문제에서 출제자의 의도를 간파하는 수학적 사고력입니다.

다만 수학적 사고력을 키운다는 것이 사고력 수학을 의미하지는 않습니다. 흔히 말하는 연산식 수학, 계산식 수학 문제를 풀면서도 수학적 사고력은 끊임없이 자극받기 때문입니다. 입시 수학에서 말하는 사고력이란 결국 문제에 대한 올바른 접근법을 스스로 찾아내는 실력을 의미합니다. 교구 수학이나 창의 수학에서 다루는 사고력도 중요하지만 그 경험이 없다고 해서 수능 시험 1등급을 못 받는 것은 아닙니다. 오히려 더 중요한 수학적 사고력은 잘 만들어진 문제를 내가 알고 있는 개념으로 풀어내기 위해 다양한 풀이법을 떠올리고 시도해보는 반복적인 과정에서 생깁니다. 설령 내가 풀어냈더라도 더 좋은 풀이법이나 다른 풀이법은 없는지 다각도로 접근하고 천천히 생각해보는 훈련이야말로 수학적 사고력의 핵심입니다.

강의보다 혼공, 선행보다 복습이 중요한 이유

수학만큼 강의가 강조되는 과목이 없다 보니 흔히 혼공하기 가장 어려운 과목도 수학이라고 생각합니다. 하지만 실제로는 정반대입니다. 수학만큼 혼공이 필요한 과목도 없고, 강의보다 혼공이 중요한 과목도 없습니다.

초등학생이 주 3회씩 수학학원을 다니는 풍경은 대치동에서도 최근 들어 더 자주 볼 수 있습니다. 대치동 아이들은 항상 수학 공부를 열심히 했지만 수학학원을 이렇게 자주, 많이 다니지는 않았습니다. 사실 이들이 수학학원에 많이 다니게 된 것은 선행 학습 때문입니다. 선행을 하려면 혼공이 아니라 강의를 들어야 하니까요. 제 나이에 필요한 것 이상으로 진도를 빨리 나가니, 어려운 수학, 남들보다 일찍 배우는 수학을 따라가기 위해 필연적으로 강의 의존도가 점점 더 높아진 것입니다.

무리하게 수학 선행을 하지 않으면 초등학생이 수학 강의를 주 2회 이상 들을 필요가 없습니다. 심지어 수학 강의 비중이 높아질

수록 혼자 공부할 시간이 부족해지고, 늘어나는 숙제 분량만큼 잠자는 시간마저 부족해지는 부작용도 있습니다. 아이들이 그날그날 배운 것을 충분히 소화할 시간을 주지 않고, 학원 숙제에 붙잡히게 만드는 주범이 바로 무리한 초등 수학 선행 열풍입니다.

먼저 초등학교 수학 교과서를 조금만 살펴보면 초등 수준의 수학 공부를 위해서는 학원 강의가 거의 필요하지 않다는 것을 금방 알 수 있습니다. 그만큼 쉽기 때문입니다. 전문 강사의 강의가 물론 도움은 주겠지만 혼자서 충분히 반복하며 소화하고 이해할 시간을 갖지 않으면 수학 실력은 늘지 않습니다. 대부분의 대치동 수학학원 원장님은 초등 시기에 필요한 수학 개념은 불과 몇 달이면 충분히 가르칠 수 있다고 말합니다. 애초에 초등 시기 수학 강의 비중이 높을 이유가 없는 것입니다. 그렇다면 왜 초등 수학 선행 학습이 지금처럼 중요해진 것일까요? 근본적으로 질문해봐야 합니다.

초등 수학 선행이 강조된 가장 큰 이유는 역설적이게도 초등 수학이 너무 쉬워서 학원에서 가르칠 것이 별로 없기 때문입니다. 좀 더 의미 있고 제대로 된 수업을 하려면 선행 진도를 나가야 합니다. 그런데 아이들의 학습 시기가 빨라지고, 초등학생들의 수학 공부에 대한 관심이 증가하면서 수학학원을 찾는 시기도 점점 빨라지고 있습니다. 그러다 보니 학원에서도 자연스럽게 선행 학습을 권장하게 된 것입니다.

초등학교 저학년 때는 혼공이나 교구 수학, 사고력 수학, 연산 훈련 등으로 충분히 시간을 보낼 수 있습니다. 하지만 초 3부터 갑자기 문제 풀이식 수학 공부로 분위기가 바뀌면서 점점 수학 진도 경쟁에 불이 붙습니다. 보통 한 학기에 한 학년 과정을 끝내는 속도로 선행을 시작하면 초등학교 4학년 정도가 되면 초등 수학은 이미 끝이 납니다. 그러다 보면 초등 고학년 때 자연스럽게 중등 선행을 시작하게 되고, 조금 더 노력하면 초등학생 때 고등 수학 문제를 풀거나 초등학생이 《수학의 정석》을 풀이하는 분위기가 형성되는 것입니다.

물론 예전에도 수학 실력이 뛰어난 아이들은 이렇게 진도를 일찍 나가는 경우가 있었습니다. 문제는 이런 분위기가 대세로 굳어지면서 선택이 아닌 필수처럼 여겨지고 있다는 점입니다. 초등학생 때 미리 수학 선행을 하지 않으면 나중에 수학학원을 가려고 해도 다닐 반이 없다는 이야기가 나올 정도로 일종의 공포심이 조장되는 듯합니다.

이 소식을 전해 들은 3~4학년 부모는 다시 불안한 마음으로 원하든 원치 않든 수학 선행반에 아이를 등록할 수밖에 없습니다. 이것이 요즘 대치동을 비롯해 주요 학군지를 중심으로 유행하는 초등 수학 선행 사이클이 만들어지는 과정입니다. 최근에는 대부분의 수학학원이 초등학생을 대상으로 수학 선행반을 열거나 초등 의대반을 만들어 2~3년 정도 빠르게 수학 진도를 나가는 것이 대세입니다. '일찍 배워두면 나쁠 것 없다'는 선행 논리가 수학 선행 열풍을 정당화해 줍니다. 하지만 반대로 '모든 것은 때가 있다'는 말도 수학 교육에서는 매우 중요한 원칙입니다.

적절한 수학 선행의 기준

그렇다면 모든 선행 학습이 나쁠까요? 물론 그렇지는 않습니다. 선행의 또 다른 이름은 예습입니다. 예습의 중요성과 적절한 선행 학습은 언제나 상위권 학생의 관심사였습니다. 예습을 해야 남들 보다 여러 번 공부하고, 그만큼 좋은 성적을 받을 수 있기 때문입니다.

부모의 학창 시절로 거슬러 올라가 봅시다. 그때는 지금보다 어려운 수학 문제가 많았고, 학습 범위도 넓었습니다. 그래서 《수학의 정석》을 펼쳐놓고 머리를 싸매며 끙끙댔던 기억이 누구라도 있는 것입니다. 하지만 곰곰이 생각해보면 수학 선생님의 강의를 들었던 시간보다는 혼자 고민하며 문제를 풀었던 기억이 더 선명할 것입니다.

수학만큼 사고력이 중요하고 응용 연습을 반복해야 하는 과목이 없습니다. 따라서 너무 빠르게 진도를 나가는 것보다는 1년 정도 선행 학습을 한 후, 자기 것으로 완전히 소화할 때까지 충분히 문제 풀이를 반복하는 것이 중요합니다. 이를 위해서도 수학 혼공 시간은 꼭 확보해야 합니다.

강의보다 중요한 복습의 힘

나이가 어릴수록 출생 시기에 따라 발달 수준이나 지능 차이가 큽니다. 하지만 나이가 들면서 이 차이는 줄어들어 결국 비슷해집니다. 잠깐 앞서는 듯 느껴져도 결국 비슷해지는 순간이 찾아옵니다. 예를 들어 누구나 청소년 시기가 되면 추상적 개념을 이해하는 속도가 빨라집니다. 그래서 철학이나 경제, 물리나 화학 같은 추상적 과목을 가르치려면 청소년 시기, 적어도 초등 고학년이 되어야 합니다. 마찬가지 이유로 논리 교육을 중학생 시기에 강조하는 것도 이때 배우는 것이 가장 효과적이고 적절하기 때문입니다.

수학도 마찬가지입니다. 구체적인 수 개념에 비해 추상적 기호, 도형이 많아지는 중등 수학은 이해하기가 어렵습니다. 그런데 말로 된 설명보다 기계적인 풀이를 더 많이 강조한다면 오히려 수학에 흥미를 잃게 됩니다. 더 추상적이고 어려운 문제를 풀 때 사고력이 더 많이 필요한데, 어려서 쉬운 문제를 풀 때는 사고력 수학을 가르치고 나이가 들어 어려운 문제를 풀 때는 정작 설명 없이 문제 풀이만 반복하니 수학 공부 순서가 뒤바뀐 것 같기도 합니다.

본격적으로 수학 공부가 시작되는 초등 고학년 때 수학 공부의 재미와 수학적 사고력을 길러주지 않고 좀 더 빨리 문제를 풀 수 있는 스킬만 가르친다면, 심지어 강사의 풀이를 외우게 한다면 당장은 효과를 보는 것 같지만 정작 수능 시험에서는 1등급을 받기가 어려워집니다.

중요한 것은 수학 선행이 아니라 복습입니다. 배운 것을 충분히 소화할 수 있는 시간을 확보하고, 수준에 맞게 다양한 문제를 풀어보며 기본기를 철저히 닦아놓는 것입니다. 모든 공부가 그러하듯 수학 공부도 엄청난 장기전입니다. 본게임을 시작하기 전에 체력을 방전시켜서는 안 됩니다.

지나친 수학 선행의 부작용은 대치동에서도 흔하게 나타나는 현상입니다. 하지만 진짜 수학 공부의 고수는 절대 아이에게 이런 방식으로 수학을 가르치지 않습니다. 대치동 하면 항상 초등 수학 선행 학원 이름만 언급되는데, 대치동에 있는 모든 학원과 수학 강사가 선행만 강조하는 것은 아닙니다. 대치동에는 오히려 진짜 수학적 사고력, 현행 학습의 중요성을 강조하는 수학 강사가 훨씬 많습니다. 어릴수록 수학 문제를 깊이 생각해보는 시간을 오래 가져야 한다고 말하는 원장님도 정말 많습니다. 혹은 독서의 중요성을 강조하는 수학 강사도 많습니다. 그리고 무엇보다 중요한 것은 학부모 중에도 수학 교육의 중요한 원리를 제대로 이해하고 있는 분이 생각보다 많다는 점입니다. 그래서 어떤 초등 수학 선행 학원은 대치동 아이들보다 타 지역 아이들이 더 많이 다니기도 합니다. 대치동 1% 학생은 주변 분위기에 휩쓸리기보다 자기 속도에 맞춰, 필요한 만큼 수학 공부를 천천히 그러나 확실히 준비합니다. 조급해하지 않고, 완벽한 수학 실력을 천천히 완성해 갑니다.

너무 일찍 샴페인을 터트리면 나중에 추진력을 잃습니다. 시간이 비교적 여유로운 초등학교 시기에 무리한 수학 선행이 아니라 독서에 투자하는 부모가 많은 것이 대치동의 특징입니다. 독서는 하루아침에 만들 수 없는 장기적인 노력이 필요한 공부인 반면, 수학에 최대한의 에너지를 쏟아부어야 하는 시기는 고등학교 때라는 것을 너무나 잘 알고 있기 때문입니다.

수학 공부의 재미를 가르치자

물론 초등학생에게도 고등 수학을 가르칠 수는 있겠지만 그 과정에 필요한 노력과 에너지 그리고 성과물을 생각하면 너무 비효율적입니다. 초등학교 5학년 학생에게 고등 수학, 미적분과 기하 개념을 겉핥기로 가르치면 아이들은 쉽게 자만심에 빠집니다. 주변 친구보다 수학을 잘한다고 자랑할 수 있기 때문입니다. 실제로 고등학교 수학 진도를 나가고 있다고 자랑하는 초등학생을 가끔씩 보는데, 문제는 아이가 아니라 이 분위기에 먼저 취해 있는 어른입니다.

설익은 수학 선행 학습과 달리 제대로 기초를 다지며 공부한 수학 실력은 오히려 공부 시간을 줄여줍니다. 한 번에 정확히 공부하면 나중에 다시 반복할 때 훨씬 쉬워지기 때문입니다. 그래서인지 고교 내신 성적이나 수능 성적은 선행 학습의 반복 횟수에 절대 비례하지 않습니다. 이것은 대치동 불문율입니다. 만약 고교 수학을 2번, 3번, 4번 반복할수록 수학 성적이 3등급, 2등급, 1등급으로 올라갈 수만 있다면 아마 우리나라에는 수포자가 아무도 없을 것입니다.

수학 공부의 재미를 모르면 수학은 물론이고 어떤 공부도 재미있게 하기 어렵습니다. 모르던 것을 알게 되는 기쁨을 깨우치지 못한다면 과연 어떤 공부가 재미있을까요? 그런 의미에서 수학의 본질은 언제나 배우는 재미, 알아가는 기쁨 그리고 끝없는 호기심에 있습니다. 그렇다면 수학의 재미는 어떻게 경험할 수 있을까요? 단순합니다. 수학을 잘한다는 자신감을 길러주는 것입니다. 유튜브를 보면 어려서부터 수학적 감각이 뛰어난 아이, 선천적으로 수학에 순수한 지적 호기심이 충만한 아이가 등장합니다. 하지만 대부분의 아이들은 이와 달리 평범합니다. 이런 아이들은 어떻게 수학에 재미를 붙여야 할까요?

현실적으로 생각하면 내신 시험과 수능에서 좋은 성적을 받기 위해 우리 아이를 꼭 수학 영재로 만들거나 그 기준에서 평가할 필요가 없습니다. 대치동에서도 영재원 준비나 올림피아드 준비가 크게 유행하던 시기는 이미 지나갔고, 당장 눈앞의 학교 시험과 수능에 도움이 되는 만큼만 수학 공부를 하려는 분위기가 훨씬 보편적입니다. 수학에는 다양한 재미가 있지만 필요한 만큼, 도움이 되는 목표를 달성하는 방식으로 그 재미를 경험하면 충분합니다.

먼저 아이에게 수학 문제를 푼 뒤 스스로 답을 채점하게 하면 그 과정에서 아이가 수학의 재미를 깨달을 수 있습니다. 아무래도 맞은 문제가 많으면 즐겁겠지요. 틀린 문제가 괴로운 아이는 아예 채점을 안 하려 하기도 합니다. 이때는 틀린 문제에 너무 예민해하지 않도록 격려해주고, 포기하지 않고 정답을 찾을 수 있도록 수학 공부 방법을 차근차근 가르쳐야 합니다.

아이가 수학 문제를 풀려고 애쓴 과정을 칭찬해주고, 수고한 노력의 대가를 인정해주는 것도 좋은 방법입니다. 100점을 맞지는 못했더라도 정답을 찾아낸 문제만큼, 아니 그 이상으로 충분히 격려해 주어야 합니다. 재미있는 점은 틀려도 괜찮다고 아무리 격려해도 오히려 아이 스스로 다 맞히지 못한 것을 분하게 여긴다는 것입니다. 조금만 더 노력하면 다 맞힐 수 있을 것처럼 보일 때, 아이는 한 번 더 도전할 용기를 냅니다. 그러다 보면 한 문제씩 더 맞히겠다는 욕심이 점점 커지고, 나중에는 한 페이지 정도는 틀린 문제

없이 풀어내겠다는 목표가 생깁니다. 이런 경험과 자신감이 쌓여야 나중에 모르는 문제를 처음 만나도 당황하지 않고 다시 풀릴 때까지 도전하는 힘을 얻습니다.

그래서 초등 시기에는 너무 어려운 수학 문제집이나 심화 학습에 매진하지 않는 것이 좋습니다. 풀이가 떠오르지 않을 정도로 어려운 문제를 만났다면 너무 오래 고민하기보다는 빨리 정답을 보고 이해하는 편이 낫습니다. 실제로 정말 어려운 문제는 풀이를 봐도 이해가 가지 않는 경우가 많아 풀이 먼저 보는 것이 오히려 시간 낭비를 줄여줍니다. 하지만 동시에 너무 쉬운 문제에 안주하지 않도록 심화 문제도 곁들여야 합니다. 내가 다 안다고 생각했는데 쉬워 보이는 응용문제의 풀이가 도통 떠오르지 않을 때, 아이는 도전 의식을 갖게 됩니다.

수학의 세계는 심오하기 때문에 오늘 심화 문제를 완벽히 풀지 못했어도, 나중에 비슷한 문제를 다시 만나 풀 수 있는 기회가 생깁니다. 다만 수학 실력이 향상되고 학년이 올라갈수록 아는 문제를 틀리는 초보적인 실수에는 관대하면 안 됩니다. 정확히 알 때까지 붙잡고 공부하거나 실수가 없는지 꼼꼼하게 확인하는 습관을 길러야 합니다. 실수를 줄이고, 모르는 문제가 없을 때까지 공부하면 결국 수학 성적이 크게 향상된다는 단순한 원리를 각자의 경험으로 깨달아야 합니다.

수학 공부의 3가지 비법

시중에는 수학 공부법도 많이 나와 있고, 유튜브 강의나 전문 수학 강사, 대치동 수학학원 원장님 강의도 많습니다. 심지어 수학을 잘하는 고등학생, 대학생도 저마다의 수학 공부 노하우를 소개합니다. 이들이 공통적으로 강조하는 점은 다음과 같이 3가지로 압축됩니다.

첫째, 개념을 정확히 이해하고 기본서를 정해 공부할 것.

둘째, 응용문제를 다양하게 풀어볼 것(필요하다면 여러 가지 문제집을 풀어볼 것).

셋째, 틀린 문제는 꼭 복습해서 같은 문제를 2번 틀리지 않을 때까지 공부할 것.

이 3가지 원칙이 그 많은 수학 전문가가 입을 모아 강조하는 수학 공부 비법입니다. 물론 진짜 심오한 수학의 세계에는 한참 미치지 못하겠지만 적어도 수능 수학 공부는 이대로만 해도 충분합니다. 심화 단계의 어려운 킬러 문제를 공부하며 실력을 다지거나 향상하는 것도 좋지만, 시간 대비 성과를 얻는 데는 꼼꼼한 복습이 더 효과적입니다. 배운 것을 까먹지 않고 적용할 수 있을 때까지 반복하면 성적은 자연스럽게 올라갑니다. 틀린 문제를 또 틀리지 않기 때문입니다.

언제부터인가 학부모 중에도 수학 전문가가 많아져 수학 공부에 관한 다양한 이론과 방법 그리고 전문 지식까지 줄줄 꿰고 있는 분이 많습니다. 계통수학 찬반 논란부터 대수와 기하 중 어느 것이 더 중요하고 먼저 공부해야 하는지, 사고력 수학이 정말 효과가 있고 꼭 필요한지, 연산은 언제까지 얼마나 반복해야 하는지, 개념과 심화 문제집 중 어떤 것을 얼마나 더 풀어야 할지 등 수학 공부법과 관련해 수많은 디테일한 질문이 있고 견해도 다양합니다.

하지만 수학 공부의 원리는 항상 단순합니다. 산으로 오르는 길이 다를 뿐 봉우리는 하나이기 때문입니다. 교육과 입시의 목표가 무엇인지만 분명히 이해하면 수학 공부도 전혀 어렵지 않습니다.

대치동 1% 수학 로드맵

취학 전 시기

- 수 개념을 천천히 익히고, 구체적인 사례로 다양하게 적용해 볼 것
- 주변 사물에서 나타나는 수의 사례(시간, 길이, 무게 등)를 놀이로 접목해볼 것
- 아이와 사칙연산 기호를 사용하지 않고 숫자 계산을 하는 놀이를 만들어볼 것
- 암산하는 놀이도 함께해볼 것
- 수학 공부에 대한 부모의 부담감을 내려놓을 것
- 숫자가 활용되는 보드게임이나 퀴즈 등을 통해 연산 개념을 자연스럽게 익힐 것
- 숫자를 바르게 쓸 수 있도록 손글씨를 연습할 것
- 특별히 고안된 교구가 아니더라도 일상 속 도구와 물건을 수 개념과 연산에 적용해볼 것

초등학교 1~2학년

- 아이가 재미있다고 느낄 수 있는 수준에서 연산 훈련을 지속할 것(문제집뿐 아니라 저학년용 연산 게임도 활용 가능함)

- 구구단을 단순 암기하기보다는 수가 늘어난다는 개념과 감각을 먼저 이해하게 하고, 이를 단순화한 공식이 구구단임을 터득하도록 가르칠 것
- 간단한 암산 퀴즈(두 자리 이하)를 해보면서 덧셈, 뺄셈 훈련을 놀이처럼 시도해볼 것
- 시계 보기, 달력 보기, 몸무게 보기(자릿수), 요일 맞히기 등 일상생활에 사용 가능한 수의 활용 범위(측정 문제)를 통해 구체적으로 숫자 감각을 익힐 것
- 문장형 문제는 엄마, 아빠가 직접 설명해주고, 너무 어려운 문제는 수학기호나 개념 없이 문제를 이해할 수 있도록 풀어 설명해줄 것
- 수학적 사고력을 훈련할 수 있는 다양한 활동(체스, 바둑, 퍼즐, 큐브, 레고 등)을 시도할 것
- 스스로 채점하고, 틀린 문제를 복습하는 습관을 만들 것(틀린 이유를 찾아낼 수 있도록 지도하면 가장 바람직함)

초등학교 3~4학년

- 수학 기본서, 개념 교재를 선정하여 한 학기에 한 권 이상 풀 수 있도록 지도할 것
- 연산이 분수와 소수, 두 자릿수 곱셈 등으로 어려워지므로 단

계를 조정해가며 기본 연산 교재를 충분히 소화할 것

- 연산과 도형, 측정과 규칙 발견 등 수학적 기본 역량이 나이에 맞게 충분한지 가정에서 점검하는 테스트를 해볼 것(문제집 내 단원 평가 혹은 온라인 모의고사 등 활용)
- 개념 학습과 예제 풀이 반복을 통해 수학 공부 방식을 익히고, 주기적으로 수학 테스트에 대비하여 시험 감각을 기를 것
- 개인차가 있음을 감안하여 선행에 호기심이 큰 아이는 원하는 수준에서 한두 학년 정도 빠른 속도로 초등 고학년 수학 문제집을 풀어보게 할 것(강의 의존은 최소화할 것)
- 문제해결적 상황(가정과 학교, 놀이터)에서 수학이 활용되는 경우(점수 계산, 도형 측정, 길이 추측 등)를 찾고 문제화해볼 것

초등학교 5~6학년

- 복잡한 계산 문제도 풀어보면서 배운 개념이 응용, 심화되는 수학 공부 감각을 익혀볼 것
- 중등 선행 이전에 초등 수학 심화 교재를 2권 이상 풀어보며 초등 수학 기본기를 충분히 다질 것
- 문제집 1회독이 끝나면 틀린 문제 위주로 복습하는 2회독 습관을 기를 것
- 일주일에 3회 이상 수학을 공부할 수 있도록 수학 공부 루틴

을 만들 것

- 표와 그래프 해석, 평균값의 효용과 시사 상식에서 나타나는 통계 개념 기초를 함께 학습할 것

- 논리적, 추론적 사고력을 훈련하기 위해 독해 문제집이나 초등학생용 논리학 기본 도서를 찾아 읽어볼 것

- 여기까지 목표를 충족했다면 중등 수학 선행을 시작할 것(선행을 할 때는 진도 속도보다는 충분한 풀이 시간을 확보하며 공부할 것)

- 중등 수학 선행을 위한 교재, 강의, 학원 사용법 등을 부모가 먼저 고민하고 정보를 충분히 알아볼 것

- 중등 수학까지는 최대한 혼공 시간을 확보한다는 관점에서 수학 공부 계획을 세울 것

- 문제를 기계적으로 많이 푸는 것보다 정확하게 생각하며 풀 수 있는 문제집을 선택할 것(다양한 문제집을 직접 경험해볼 것)

- 아이 스스로 '개념 학습 후 응용문제 풀이'라는 수학 공부 패턴을 익히도록 지도할 것

- 가능한 심화 문제 풀이 경험을 폭넓게 가져볼 것

중학교 시기

- 심화 학습 비중을 점차 늘려갈 수 있도록 N회 차 반복 계획을 세워둘 것(개인별로 수준에 맞는 교재가 다양하니 각각의 단계에 해당

하는 문제집을 사전에 검토해볼 것)

- 개념 교재와 유형 교재, 가능하다면 심화 교재까지 최소 2~3권의 교재로 반복 학습할 것
- 선행 학습 진도를 욕심내기보다 아이의 개별 학습 상황, 이해도를 꼼꼼하게 점검할 수 있는 동네 학원, 과외, 교습소 등 주변 사교육 인프라를 다양하게 활용할 것
- 고민이 필요한 문제는 생각할 수 있는 시간을 충분히 벌어주되, 단순 연산 문제에서 시간이 오래 걸린다면 집중력 부족, 구멍 난 개념 등의 진짜 원인을 분석해볼 것
- 고교 내신 수준은 지역에 따라 편차가 크므로 고등학교 진학 목표에 맞게 수학 공부 난이도를 결정할 것(강남 지역이나 특목고, 자사고 진학 시 심화 수준 난도가 크게 높아질 수 있음)
- 수능 수학이라는 보편적 수학 기준에 맞추어 학습할 것
- 중학교 수학을 고등학교 시기에 후행하는 일이 없도록 기본기를 완벽히 다지겠다는 목표를 세울 것
- 고교 수학은 1년 정도 선행을 목표로 학습 계획을 세울 것
- 중학교 내신 시험에서 A를 맞았다고 방심하지 말고, 진짜 수학 실력을 탄탄하게 쌓아가고 있는지 점검하기 위해 사설 테스트나 모의고사 등을 활용해볼 것(고1 수학 모의고사 문제 활용)

04
소통하는 힘을 기르는 영어

실용 영어는 입시 영어에 도움이 될까?

대치동 교육을 이야기할 때 빼놓을 수 없는 것이 바로 영어입니다. 지금은 유행이 지났지만 한때 영어 조기 교육이라는 말이 가장 성행했던 곳이 바로 강남, 그중에서도 대치동이었습니다. 아직까지도 대치동 영어유치원의 인기는 식을 줄 모릅니다. 영어유치원 번호표 경쟁부터 입학 테스트 준비는 물론이고 초등학교 저학년 시기 영어에 가장 많은 투자를 한다고 해도 과언이 아닐 정도로 영어 교육에 대한 대치동의 관심은 항상 뜨겁습니다.

흔히 어떤 분야의 전문가가 되기 위해서는 1만 시간의 노력이 필요하다고 밀합니다. 모국어가 아닌 외국어로 영어를 자연스럽게 터득하기 위해 하루 3시간씩 노력한다면 대략 10년의 시간이 쌓여야 1만 시간을 비로소 채울 수 있습니다. 보통 4~5세부터 시작된 영어 교육이 초등학교를 거쳐 중학교 시기까지 이어진다고 보면, 대치동 아이들, 적어도 영어유치원을 나와서 꾸준히 영어 공부에 시간을 투자한 아이들은 청소년 시기에 이미 영어 공부에 1만 시간 가까이 투자했을 가능성이 높습니다.

이 같은 노력에도 불구하고 대치동 아이들의 어려움은 고등학교 내신 시험에서 영어 1등급을 받기가 어렵다는 것입니다. 먼저 주변 아이도 어려서부터 영어에 노출되어왔고, 오랫동안 영어 공부에 투자를 많이 한 우수한 아이이기 때문에 상대평가가 힘들어서 그런 것일 수 있습니다. 하지만 더 근본적으로는 어릴 때 공부한 회화 중심의 실용 영어와 달리 중학생이 되면서부터는 한국식 영어, 입시 영어로 학습 방향이 크게 전환된다는 점이 중요한 이유입니다.

보통 실용 영어는 듣기, 말하기, 읽기, 쓰기와 같은 기본적인 언어 소통 능력 향상을 목표로 합니다. 반면 입시 영어는 내신과 수능 시험에서 좋은 성적을 받기 위한 공부이므로 문법과 독해력 위주이며, 실용 영어와는 목표가 사뭇 다릅니다. 실용 영어에 오랫동안 투자했으나 입시 영어에서 좋은 성적을 거두지 못했다는 이야기, 즉 실용 영어 무용론, 영어유치원 무용론이 나오는 이유입니다.

이 말은 맞기도 하고 틀리기도 합니다. 먼저 성적을 위해서라면 일찍이 입시 준비를 하는 것이 당연해 보입니다. 회화보다는 내신 시험에 도움이 되는 영어, 한국적 문법 공부와 독해 훈련이 필요하겠지요.

하지만 사실과 다른 점도 있습니다. 우리가 흔히 실용 영어라고 부르는 말하기, 쓰기, 듣기를 위한 영어가 오히려 입시 영어 실력을 기르는 중요한 뿌리가 되기 때문입니다. 실제로 내신 시험 외에 여러 교내 대회에서 다양하게 외국어 실력을 평가하는 경우가 생각보다 많다는 점도 알아두어야 합니다.

달라지는 영어 시험

먼저 내신 성적에 반영되는 학교 시험, 특히 서술형 평가에 생각보다 영어 작문이 큰 영향을 끼친다는 점을 말하고 싶습니다. 1점 차이로 등급이 달라지는 학교 시험에서 서술형 평가는 한 문제에 3~5점 정도로 배점이 크기 때문에 꽤 결정적인 역할을 합니다. 특히 감점 걱정 때문에 체감상 객관식 문항보다 어렵게 느껴집니다.

최근에는 수업 시간 중 수행평가에서 발표 시험 비중이 늘어나는 추세입니다. 스크립트 작성뿐 아니라 영어 발음이나 선달력까지 평가하므로 실제 외국어 소통 능력을 평가한다고 볼 수도 있습니다. 말하기와 쓰기, 읽기 능력을 다각도로 확인하는 것입니다. 하지만 학교 수업은 최소한의 학습 위주로 진행하기 때문에 이 능력이 수업 시간에 모두 길러지는 것은 아니고, 학생의 추가적인 노력이 필요합니다.

앞으로는 다양한 방법으로 영어를 학습하는 과정과 거기에서 얻은 경험이 더 중요해질 수 있습니다. 흔히 우리나라의 입시 영어는 단어 암기와 한국식 영어 문법 공부라는 점을 강조합니다. 매일 꾸준히 단어 시험을 보고, 틀린 문제를 오답 노트로 정리하는 것이 우리나라 학생이 자주 사용하는 영어 공부 방법입니다. 품사를 정리하고 구문을 외워가며 독해 연습을 반복하는 것도 이런 방법 중 하나입니다.

그런데 꼭 이렇게 영어를 학습해야 하는 것은 아닙니다. 해외 뉴스를 듣거나 관심 있는 외국 사이트에 접속해서 기사를 읽어보고, 그 과정에서 모르는 단어나 발음을 별도로 공부하거나, 외국 저널에 실린 기사문을 우리말로 번역하면서 문법적 지식을 점검하고, 모르는 내용은 선생님께 물어보며 확인하는 등 학습법은 많습니다. 즉, 영어를 공부하는 방법 역시 과거와 달리 매우 다양하며, 외국어 소통 능력을 강조하는 방식으로 이루어지고 있습니다.

고교학점제와 영어 공부

고교학점제가 도입되면서 내신 경쟁 부담이 완화된 만큼 앞으로는 지필고사보다 수행평가나 발표 점수 비중이 더 커질 것입니다. 특히 발표나 토론, 영어를 활용한 다양한 수업 활동이 학생부에 상세히 적힌다는 점에서 단순히 시험 성적을 위한 영어보다 활용도 높은 외국어 소통 능력이 더 중요해질 것입니다.

실제로 고등학교 선택과목을 보면 《영어 독해와 작문》, 《영어 발표와 토론》, 《영미 문학 읽기》 같은 진로 선택과목부터 《미디어 영어》, 《세계 문화와 영어》같이 여러 방식으로 영어 실력을 향상하는 수업이 있습니다. 이 선택과목을 어떻게 수강하고, 왜 수강했는지가 학생의 영어 실력을 입증하는 근거가 될 것이고, 자신이 목표하는 학과에 진학했을 때 충분한 외국어 소통 능력이 있는지 밝히는 기회가 될 수 있습니다.

결론적으로 시험 점수만을 위한 영어 공부가 아닌 진짜 영어 소통 능력을 키우는 것이 더 중요합니다. 그리고 이 역량은 초등학생 때부터 이어진 영어 노출과 영어 독서, 말하기 등에 투자한 성과로 얻어질 것입니다.

영어 독서가 중요한 이유

영어 독서가 영어 실력 향상에 도움이 된다는 것은 이제는 많은 사람이 공감하는 교육 방식입니다. 입시 관점에서도 영어 독서는 정말 중요합니다. 먼저 고등학생 학생부를 보면 크게 2가지 패턴의 영어 공부 방식이 등장합니다. 대다수의 학생은 문제집이나 교과서를 공부하다가 만나는 제시문 내용을 토대로 자신이 심화 학습한 경험을 학생부에 기록합니다. 예를 들어 EBS 문제집을 풀면서 읽은 제시문을 어휘나 문법, 독해 공부로 발전시켜 공부했다는 경험이 대표적입니다. 이것이 나쁘다고 볼 수는 없지만 아무래도 독해 경험이 제한되다 보니 학생마다 경험이 비슷비슷하고, 체계적으로 지식을 습득했으리라 기대하기는 어렵습니다.

반면 처음부터 책이나 기사문, 논문 등 다양한 영어 자료를 교과 학습과 연계했다고 이야기하는 학생이 있습니다. 책은 주로 문학 비중이 높고, 비문학 주제는 기사문이나 논문을 읽는 경우가 대부분입니다. 최근에는 TED 같은 채널에서 영어 강연을 들으며 국제 이슈나 시사 상식을 넓히는 경우도 종종 있습니다. 이 경우 단순히 어휘나 독해 공부를 했다는 느낌보다는 훨씬 깊이 있는 공부를 했고, 영어 실력도 우수할 것이라는 느낌이 강합니다. 만약 고등학생 때 이미 영어 자료를 직접 찾아 읽거나 영어 독서를 통해 학습할 정도의 실력을 갖추고 있다면, 대학에 진학했을 때 원서를 읽거나 영어 자료를 학습하는 데 어려움은 없겠지요. 이처럼 영어 독서가 입시에 끼치는 영향은 꽤 큽니다.

그렇다면 영어 독서 이력을 거짓으로 학생부에 기록할 수는 없을까요? 실제로는 거의 불가능합니다. 수업 시간에 참여하거나 발표 또는 보고서를 통해 스스로 입증한 활동만 기록할 수 있기 때문입니다. 학생부는 학생이 직접 기록하는 것이 아닌 만큼 선생님의 눈을 속이고 거짓말로 기재할 수 없습니다. 그렇기 때문에 대학 역시 학생부 기록의 신뢰성을 의심하지 않습니다.

영어 독서 연관 활동 중 중요한 것이 바로 영어 작문 연습입니다. 영어로 글을 쓴다는 것은 외국어 역량이 종합된 최종 결과물이라고 볼 수 있습니다. 어휘와 문법, 영어 자료 독해의 친숙도는 물론이고, 내 생각을 외국어로 표현하는 능력까지 함께 확인할 수 있으니 말입니다. 실제로 학교에서는 짧은 글짓기나 발표를 통해 학생의 영어 실력을 측정하는 일이 빈번합니다. 아마 부모가 학창 시절 경험한 교육과 가장 많이 달라진 과목이 바로 영어일 것입니다.

영어 작문을 연습하려면 짧은 문장 쓰기 훈련은 물론이고, 독후감 쓰기와 일기 쓰기, 요약하기 연습처럼 짧고 일상적인 글쓰기 훈련을 초등학생 때부터 꾸준히 하는 것이 효과적입니다. 영어 사용이 편안해야 하기 때문입니다. 이런 면에서 영어 교육에서 초등 시기 영어 사용 습관이 어렵지만 중요하다는 점을 다시 강조하고 싶습니다. 모국어가 아닌 외국어로의 영어 사용은 일상적인 경험이 되기 어렵기 때문에 반드시 의도적으로 학습 계획을 세우고 실천해야 합니다. 중학생만 되어도 학교에서 내주는 영어 작문 과제 수준이 제법 높습니다. 그런데 작문 실력은 학교에서 가르쳐주지 않습니다. 개인적 노력, 특히 초등학생 때부터 꾸준히 길러온 개인의 실력으로 평가받는 것입니다.

영어 공부, 질일까 양일까?

다른 과목과 달리 영어만큼은 학교 수업만으로 대비하기가 어렵습니다. 외국어 학습에는 그 언어의 노출 시간과 사용 시간이 결정적인 영향을 미치는데, 강의 중심인 학교 수업 시간만으로는 영어 사용 경험을 충분히 축적하기 어렵기 때문입니다. 또 학교 수업은 전체가 참여하는 시간이므로 개별 학생의 영어 사용 기회가 적고, 시간도 부족합니다. 이런 한계로 학생 간 가장 큰 차이가 벌어지는 것이 바로 영어 작문 실력입니다.

반드시 사교육만 강조할 것은 아니지만 가장 사교육적 접근이 필요한 부분이 영어 공부일 수도 있습니다. 아이마다 영어 실력도 천차만별이기 때문에 목적도 뚜렷해야 하고, 학습도 수준별로 진행해야 하는데 그렇게 하려면 분명 학교 교육만으로는 충분하지 않습니다. 영어에서 엄마표 교육의 다양한 방법론이 어떤 과목보다 발전한 이유도 이 때문입니다.

영어 학습에서 학원이 효과적인 이유는 투입량, 즉 학습 자료와 과제 관리 그리고 영어 사용 시간을 꾸준하게 확보해주기 때문입니다. 물론 가정에서 엄마, 아빠의 도움으로 영어 노출 시간을 충분히 확보할 수 있다면 사교육이 필요하지 않습니다. 하지만 부모에게도 영어는 모국어가 아니기 때문에 예외적인 경우를 제외하면 가정에서 영어 사용 환경을 만들기란 생각보다 쉽지 않습니다. 결과만 놓고 생각해볼 때, 가장 손쉬운 방법이 사교육을 활용하는 것이고, 흔히 말하는 인풋과 아웃풋의 효용성이 뛰어난 사교육이 바로 영어 사교육인 것입니다.

사교육을 비롯해 영어 학습에 꾸준히 시간과 노력을 투자했다면 어휘 실력이나 독해 실력, 듣기 실력과 말하기 실력 그리고 작문 실력이 차츰 성장합니다. 중요한 점은 학교 수업 시간으로 부족한 영어 학습 투입량을 늘려야 한다는 것입니다. 특히 질보다는 양이 중요합니다.

예를 들어 영어책을 읽는 데 원어민 수업이 꼭 필요하지는 않습니다. 그저 동네 영어도서관에 가서 많이 읽고, 많이 말해보는 것이면 충분합니다. 듣기도 마찬가지입니다. 파닉스 훈련을 하기 위해 꼭 영어유치원에 가야 하는 것은 아닙니다. 흘려 듣기부터 읽으면서 듣는 훈련까지 가정에서 다양하게 학습하면 특별한 수업 없이도 충분히 영어 발음 듣기에 익숙해집니다. 특히 듣는 것과 읽는 것은 매우 밀접하게 연관되어 있고, 이 과정에서 파닉스를 바로잡지 않으면 영어를 공부할 때 인풋에 제약이 생긴다는 점을 고려할 필요가 있습니다. 책을 눈으로 읽으면서 듣기를 함께하려면 당연히 파닉스 문제가 해결되어야 합니다. 따라서 아이가 어릴수록 영어 학습 투입량을 확대하는 방법을 적극적으로 고려해야 합니다.

이미 많은 사람이 경험했겠지만 어려서부터 영어 노출 빈도를 높이면 아이는 영어에 크게 저항감을 느끼지 않습니다. 추가 학습 없이도 영어를 듣고 말하는 소통 능력이 형성됩니다. 어른에 비해 발음도 빠르게 좋아집니다. 특히 취학 전 시기가 중요합니다. 취학 전 시기에 영어에 많이 노출되면 아이가 향후 독서 활동처럼 더 수준 높은 영어 학습에도 놀이처럼 자연스럽게 다가갈 수 있습니다.

영어책을 읽는 것도 결국 인풋, 투입량에 비례해 자연스럽게 형성되는 습관입니다. 내용은 몰라도 됩니다. 어려서는 그냥 자주 보고 놀이하듯 영어에 익숙해지는 습관을 형성하겠다는 목표로 아이 곁에 짧은 영어책을 두면 됩니다. 이 시기를 놓치면 결국 놀이가 아닌 학습을 통해 영어를 배워야 합니다. 자연스럽게 접근하면 영어책 읽기는 아웃풋이 아니라 인풋이 되는데, 적기를 놓치면 영어책 읽기 자체가 목표가 되고, 인풋이 아닌 아웃풋으로 바뀌는 것입니다. 이처럼 영어 학습에서 중요한 것은 질보다는 양적 투자이자 꾸준한 관심입니다.

수능 영어의 핵심은 비문학 배경지식

여기까지 내신 영어에서는 작문 실력과 말하기 실력이 중요하게 평가된다고 말했습니다. 영어 독서도 중요하고, 다양한 영어 학습 경험도 학생부에 반영된다는 점을 알게 되었을 것입니다. 그렇다면 수능 영어는 어떨까요?

먼저 수능 영어도 내신 영어와 크게 다르지는 않습니다. 하지만 아무래도 대부분의 시험이 그러하듯, 독해에 집중된 평가 방식의 한계로 문제 풀이식 영어 학습 비중이 점차 높아질 수밖에 없습니다.

물론 어휘, 문법, 구문, 독해로 이어지는 영어 학습의 기본 과정은 초등학교 때부터 꾸준히 쌓아온 기본기로 이루어지는 것입니다. 3등급 이하의 기본 실력은 중학생 시기에 목표할 수준이라고 볼 수 있습니다. 수능 영어는 절대평가이기 때문에 3등급이라면 70점 이상의 성적을 의미합니다. 그렇다면 80점 이상의 성적, 2등급 이상의 실력을 갖추려면 어떻게 공부해야 할까요? 그 비밀은 의외로 비문학에 있습니다. 비문학 독서 경험이 풍부한 학생이 영어 고득점에 훨씬 유리하기 때문입니다.

앞에서 살펴본 것처럼 내신 영어는 소통 능력을 다양하게 평가할 수 있는데, 특히 말하기와 작문 시험이 자유롭다는 것이 특징입니다. 반면 수능 시험은 객관식 지필고사 형태를 벗어나기 어렵습니다. 간접적으로 말하기와 작문 능력을 평가할 수는 있지만 결국 지필고사 수준이기에 이 같은 유형의 문제가 등급을 결정짓지는 못합니다. 수능 영어 고득점은 결국 독해와 추론 능력에 달려 있습니다. 그리고 이 능력을 확인해야 하는 제시문은 대부분 학문적 성격이 강한 비문학 전공 도서 또는 논문에서 차용됩니다.

수능 국어와 수능 영어의 공통점

수능 영어에는 유전공학부터 경제학, 인류학과 사회학, 교육학과 정치학까지 다양한 학문 분야를 넘나들며 제시문이 출제됩니다. 그만큼 수준 높고 논리적이며 좋은 문장이 많기 때문에 학생 실력을 변별하기에 적합하다는 장점이 있는 것입니다. 이 점에서 수능 국어 비문학 제시문과 성격이 매우 흡사합니다.

수능 국어 시험은 본래 목적이 다양한 소재의 글과 자료를 활용해 학생의 국어 능력을 측정하는 것이며, 수능 영어 시험은 외국어 능력을 측정하는 것입니다. 그런데 기본적으로 지필고사에서 확인할 수 있는 언어 또는 외국어 독해 능력은 한계가 있습니다. 문장을 구성하는 어휘와 최소한의 문법 지식 수준에서 학생 간 차이가 크지 않기 때문입니다. 그래서 이러한 시험은 처음 의도와는 다르게 외국어 실력이 아니라, 제시문에 포함된 어려운 지식의 이해도 수준을 짧은 시간을 주고 확인하는 방식으로 독해력을 평가합니다. 사실상 독해 실력이나 언어 능력이 아니라 배경지식, 스키마를 평가하는 시험으로 성격이 바뀌는 것입니다. 수능 영어의 고난도 문제가 결국 수능 국어 시험과 비슷하게 비문학 제시문 위주로 출제되는 이유입니다.

수능 영어와 추론 문제

추론 문제도 마찬가지입니다. 수능 국어와 달리 수능 영어는 제시문 길이가 짧습니다. 그렇다 보니 어려운 이유도 다릅니다. 수능 국어 비문학 제시문은 소화해야 할 정보량이 너무 많아서 어렵습니다. 구조적으로 논리 핵심을 이해해야 풀이가 가능합니다. 반면 영어는 제시문이 짧아서 앞뒤 맥락을 파악하기가 어렵고, 추론이 불가피합니다. 보통 앞뒤에 이어질 내용을 찾는 문제가 영어의 대표적인 추론 문제입니다.

흥미롭게도 구조적 독해가 강조되는 국어 비문학이나 추론이 강조되는 영어 과목은 모두 논리적 글을 읽어내는 독해 능력을 전제로 하기 때문에 그 실력을 확인하기 위해서는 논리적 성격의 글, 곧 비문학 제시문에서 문제를 출제할 수밖에 없습니다. 마치 한국어 문해력 논란이 벌어졌을 때, 전문 용어를 비롯한 교과 지식 부족에서 진짜 원인을 찾았던 것처럼 수능 영어 고득점이 어려운 이유도 결국 비문학 지식 때문일 수 있다는 생각을 해봐야 합니다.

2028 대입 개편과 수능 영어

2028 대입 개편안에서 가장 변화가 없는 과목이 바로 영어였습니다. 9등급 상대평가와 표준점수 제도가 그대로 유지되는데도 오히려 유일하게 절대평가 과목으로 분류되고 있어 상대적으로 덜 주목받습니다. 그런데도 영어 1등급은 전체 수험생의 10%를 채 넘기지 못합니다. 매년 평가원에서 출제되는 수능 영어가 이 난이도를 유지하는 것을 볼 때, 절대평가라고 해도 영어 1등급이 전혀 쉬워지지 않은 것처럼 느껴지는 이유도 여기에 있습니다.

앞에서 말한 것처럼 수능 3등급 수준의 영어 실력은 꾸준하게 공부해온 중학생도 충분히 도전할 정도의 목표입니다. 거꾸로 생각해보면 '나머지 30점을 어떻게 받을 것인가' 하는 문제가 영어 시험의 관건입니다. 매년 수능 시험에서 오답률 상위 10문제는 대부분 30번 이후부터 등장하는 고난도 문제입니다. 실제로 대부분의 초등학생이나 중학생이 풀기 어려운 문제인데, 배경지식이 부족해서 그렇습니다.

2028 대입 개편 이후에도 영어 출제 방식이 크게 바뀌기는 어려울 것입니다. 길게 봤을 때 수능 영어 1등급을 목표한다면 풍부한 독서 경험을 통해 배경지식을 쌓고, 다양한 분야의 글을 읽어보아야 합니다. 어떤 글이 나와도 관련 분야의 배경지식을 활용하여 제시문을 빠르게 독해할 수 있다면 늘 시간이 부족한 수능 시험에

서 큰 효과를 거둘 것입니다.

　꼭 1등급이 아니더라도 영어 2등급 확보는 입시 전략에서 매우 중요합니다. 수능 최저를 충족해야 할 때 영어가 효과적이기 때문입니다. 수능 영어 1등급은 다른 과목처럼 도달하기 어렵지만 2등급은 확실히 다른 과목에 비해 수월합니다. 국어나 수학은 누적 비율 상위 11%까지가 2등급을 받는 데 비해 영어는 보통 20% 이상까지 2등급을 받으므로 그 비율이 2배에 달합니다. 하지만 수능 최저를 맞출 때는 국어, 수학과 마찬가지로 영어 성적이 동일한 가치를 지닙니다. 향후 수능 성적을 수시 입시에 활용하는 최저 기준을 마련한다면 문과, 이과에 상관없이 가장 쉬운 과목은 영어가 될 가능성이 높습니다.

대치동 1% 영어 로드맵

취학 전 시기

- 영어 노출 시간을 늘려주고, 듣기 시간을 충분히 확보할 것
- 가능하다면 취학 전까지 파닉스 교육을 끝마쳐줄 것(학교에서는 개별적으로 배우기 어려움)
- 어휘 카드 등을 활용하여 쉬운 영어 어휘 학습을 게임처럼 경험하게 할 것
- 소리 내어 읽기, 들으면서 눈으로 읽기, 분량 정해 읽기와 같이 영어 읽기 규칙을 만들어 아이에게 맞는 방법으로 읽기 분량을 꾸준히 유지해줄 것
- 엄마표 영어를 비롯해 다양한 영어 교육 방법론을 부모가 먼저 공부할 것

초등학교 1~2학년

- 듣기와 영상 보기, 책 읽기 등 꾸준히 영어 노출 시간을 확보하는 계획을 세울 것
- 어휘 학습량을 늘려가며 주 1회 이상 테스트를 진행할 것
- 수준에 맞는 픽처북, 리더스북을 추천하고, 다독을 통해 독서에 자신감을 가질 수 있도록 완벽한 내용 이해보다는 책 읽는

습관 형성에 초점을 맞출 것

- 영어책 읽기는 수준에 맞게 시중 자료를 활용하되《옥스포드 리딩트리》시리즈처럼 검증된 커리큘럼에 맞추어 수준별로 독서 활동을 지도할 것

- 영어도서관에 등록하거나 도서관에서 영어도서를 빌리는 방법으로 영어 독서에 흥미를 유지해줄 것(좋아하는 주제, 이슈와 관련한 짧은 책을 여러 권 읽는 방법을 추천함)

- 영어로 짧은 문장 쓰기, 일기 쓰기를 연습하며 알파벳 쓰기 연습과 작문 연습을 병행할 것

- 엄마표 영어를 비롯해 다양한 영어 학습 방법론을 공부하고, 아이에게 알맞은 방법을 찾아 1년 이상 꾸준히 함께 학습할 것

초등학교 3~4학년

- 영어책 중 비문학 주제를 다루는 책을 쉬운 수준으로 조금씩 읽혀볼 것

- 비문학을 아직 어려워한다면 책이 아니라 기사문을 출력하여 함께 읽거나 쉬운 수준의 주제, 어휘를 다루는 독해 문제집을 활용할 것(미국 교과서 등을 통해 과학, 역사 주제를 공부하는 것도 가능함)

- 문학의 경우 상대적으로 읽기 분량이 더 많은 책으로 넘어가

는 시기이며, 챕디북을 비롯해 가벼운 소설 읽기까지 개인차가 벌어지므로 조바심 내지 말고 꾸준하게 읽힐 것

- 필요하다면 글쓰기에서는 가벼운 첨삭, 문법 지도를 해줄 것
- 가정에서 지도하기 힘든 수준이 될 경우에는 좋은 학원이나 교습소, 과외 선생님의 도움을 받을 것
- 어휘 학습의 경우에는 어휘집을 별도로 활용하는 것도 가능하며, 꾸준히 단어 시험 분량을 늘리고 수준을 높여갈 것(어휘 수준이 책 읽기에도 영향을 크게 미침)

초등학교 5~6학년

- 자연스러운 의사소통뿐 아니라 영어 학습을 위한 기본기를 다질 것
- 체계적인 영어 문법 공부를 통해 정확한 문법 사용의 중요성을 가르칠 것
- 품사와 문장성분을 공부하기 위해 기초 강의 또는 시중 교재를 활용하되, 강의 후에는 배운 내용을 테스트해서 암기하고 있는지 주기적으로 확인해줄 것
- 체계적인 영작문 학습을 위해 첨삭을 해줄 것(특히 문법적 오류를 잡아내거나, 표현하고 싶은 문장을 만들기 위해 필요한 문법 지식을 배울 수 있음)

- 챗GPT 같은 도구를 활용하여 작문 연습, 회화 연습을 쉽게 해볼 것
- 독해 문제집 풀이 습관을 가질 수 있도록 기본 교재를 1~2권 정도 택하고, 학습량을 관리할 것
- 어휘의 경우 독해 과정에서 모르는 단어를 찾아 단어장을 만드는 동시에 어휘집을 통해 효율적으로 어휘를 늘려갈 수 있도록 어근, 파생어, 연관어 등 어휘 학습법을 배우게 할 것
- 영어 독서의 경우 문학과 비문학 균형을 고려하여 독서 목록을 관리하되, 비문학은 너무 어려운 수준을 목표하기보다 쉽고 짧은 책을 읽더라도 원서 읽기에 자신감을 유지할 수 있도록 지도할 것
- 실용적인 글쓰기, 독서감상문, 토론문, 논설문 작성 등 다양한 갈래의 영작문 경험을 해볼 수 있도록 지도하되, 전문가의 도움도 적극적으로 활용할 것

중학교 시기

- 내신 시험 준비를 위한 문법, 독해, 작문, 발표 준비를 염두에 두고 학습 계획을 세울 것
- 어휘와 문법, 독해의 경우에는 시중 문제집을 적극적으로 활용하고 학습량을 꾸준히 유지할 것

- 작문이니 발표의 경우에는 스크립트 작성을 위해 검색이니 번역 도구를 활용하되, 사용된 문법이나 표현에서 이해가 가지 않는 부분은 꼭 짚어서 공부하고 넘어갈 것

- 수능 공부 감각을 키우기 위해 고등학교 모의고사 문제를 미리 풀어볼 것

- 비문학 제시문을 읽는 감각을 키우기 위해 별도의 문제집, 비문학 제시문 모음집 등을 활용할 수 있고, 가능하다면 원서 읽기를 통해 심리학, 정치학, 생명공학 분야의 전문 용어를 눈에 익히고 익숙해지도록 노력할 것

- 진학을 희망하는 고교 유형에 따라 학교 내신 시험에서 요구하는 외국어 실력 수준이 매우 다르므로 고교를 선택한 이후에는 관련 정보를 미리 수집할 것

- 특목고나 자사고 진학을 희망할 경우 평균 이상의 외국어 회화 실력을 갖추고 있는 학생이 많으므로 영어 토론이나 발표 능력을 향상할 수 있도록 노력할 것

05
탐구하는 힘을 기르는
사회, 과학

고교학점제와 탐구 과목

고교학점제가 시행되면서 고등학교 내신이 5등급제로 바뀌기 때문에 상위권이 되려는 학생은 국영수사과 주요 5과목에서 모두 1등급을 목표해야 합니다. 과거에는 이과 학생에게는 과학이, 문과 학생에게는 사회가 상대적으로 중요했고, 해당 과목에서만 좋은 성적을 거두면 충분했습니다. 실제로 대입에서 학생부 내신 성적을 산출할 때 이과 학생의 성적에서 사회 과목을 빼거나, 문과 학생 성적에서 과학 과목을 뺀 나머지 과목 등급을 평균으로 계산하는 대학이 많습니다.

그러나 고교학점제는 융합적인 진로 탐색, 학과목 수강을 선호하기 때문에 1학년 때 배우는 《통합사회》, 《통합과학》에서 모두 1등급을 맞아두는 것이 대학 진학에 유리할 것입니다. 게다가 시험 자체가 쉬워져 상위 10%만 되어도 1등급이 되기 때문에 반대로 1등급이 아닌 과목이 나오면 상위권 학생에게는 내신 경쟁의 큰 부담 요소가 될 것입니다.

고교 내신의 어려운 점은 중학생 때까지 절대평가 방식으로 시험을 준비하던 학생에게 상대평가의 난이도, 등급 컷 기준이 체감되지 않는다는 것입니다. 특히 사회나 과학은 국영수 주요 과목이 아니라는 인식 때문에 중학생 때 시험공부를 제대로 해본 적이 없는 과목이기도 합니다. 그런데 고등학생이 되어서는 이런 탐구 과목도 완벽하게 준비하지 않으면 작은 실수 하나 때문에 내신 등급이 뒤바뀌기도 합니다. 요약해보면 고교학점제가 시행되면 지금보다는 내신 경쟁이 완화되어 탐구 과목에 대한 상위권 학생의 심리적 부담이 줄어들기는 하겠지만, 반대로 1등급을 받지 못했을 때의 심리적 충격은 더 커질 수도 있습니다.

2028 통합 수능에서 탐구 과목의 중요성

내신에 비해 수능에서 탐구 과목의 중요성은 더욱 커졌습니다. 특히 문과, 이과 학생이 똑같이 《통합사회》, 《통합과학》 시험을 보기 때문에 어느 한쪽이 부족하면 탐구 과목 성적 전체가 흔들리는 결과를 가져올 수 있습니다. 예를 들어 의대 진학을 희망하는 이과 성향 학생도 《통합사회》 과목은 거의 만점을 목표로 공부해야 합니다.

게다가 수능 시험은 9등급 상대평가 방식이 그대로 유지되어 1등급이 10%인 내신과 달리 1등급 비율이 4%로 매우 적습니다. 따라서 수능 시험 탐구 1등급은 과거보다 더 어려워졌다고 볼 수도 있습니다. 시험 내용에 난도 높은 문제가 포함되지 않겠냐는 의문이 제기될 정도로 아직은 시험 난이도나 유형 예측이 불투명해 더 어렵게 느껴지기도 합니다.

종합해보면 고교학점제, 2028 통합 수능 시행으로 인해 탐구 과목의 중요성은 더 커졌습니다. 특히 《통합사회》와 《통합과학》은 고1 내신 시험 범위이면서 수능 시험의 핵심 과목이 되었으므로 결과적으로 고교 3년 내내 공부해야 할 과목입니다. 《통합사회》, 《통합과학》은 가능하다면 중학교 시기부터 미리 대비해 두어야 하는 중요한 선행 과목으로 부상하고 있습니다.

탐구 과목 학습의 핵심은 스키마

대치동에도 아직 탐구 과목 전문학원은 많지 않습니다. 몇 년 전부터 과학 선행에 대한 관심이 높아지고는 있지만, 이과, 특히 의대 인기가 치솟으면서 나타난 비교적 최근의 현상입니다. 그런데 앞으로 의대에 가려면 사회 과목도 잘해야 한다고 하니 대치동에서 이과 학생들이 사회 학원을 더 많이 다니게 될까요?

반드시 그렇지는 않을 것 같습니다. 무엇보다 추가로 학원을 다닐 시간이 부족하기 때문입니다. 학원을 더 다니려면 혼자 공부할 시간을 줄여야 하는데, 상위권 학생은 오히려 혼공 시간이 더 중요합니다. 그렇다면 탐구 과목은 어떻게 공부해야 할까요?

늘 그렇듯 교과서 중심의 공부법이 가장 기본입니다. 교과서를 열심히 읽고, 출판사 평가 문제집을 다양하게 풀어보는 것 그리고 수업 시간 중 필기 내용이나 선생님이 나눠주는 프린트를 철저히 공부하면 됩니다.

그런데 이 교과서 중심 공부법이 최근 들어 부실해지는 경향이 나타나고 있습니다. 요즘은 아이에게 교과서 중심으로 공부하라고 하면 오히려 교과서에 공부할 내용이 별로 없다고 말합니다. 교과서 자체의 변화 때문입니다. 교육과정이 바뀌면서 문제 풀이식, 암기식 개념 학습을 지양하고 실생활에 응용할 수 있는 사례 중심, 융합적 체험 중심 학습을 지향하는 쪽으로 교과서 기조도 달라졌습니다. 특히 초등학교, 중학교 탐구 과목 교과서가 그렇습니다. 가장 기본적인 개념 설명이 충분하지 않다 보니 교과서 중심 공부법에 어려움이 있기도 합니다.

또 복합적 사회 현상을 사례로 다루는 내용은 많아졌지만 의외로 기본 개념에 대한 이해도를 높이지 못하고 진도를 나가는 경우가 많습니다. 개념 학습에는 충분한 설명과 반복이 중요합니다. 개념 설명을 너무 줄이면 교과 개념을 체계적으로 이해하는 데 한계가 생깁니다.

만약 교과서를 여러 번 읽는 것만으로는 탐구 과목 공부가 부족하다면 어떻게 보충해야 할까요? 개념 설명이 충분하고, 공식이나 법칙의 배경이 되는 과학자, 이론, 사상, 역사적 배경이 함께 기술되는 자습서 또는 학습 도서 등을 함께 읽으며 공부할 것을 추천합니다. 자습서는 말 그대로 혼자 공부하기 위한 학습서로, 개념 설명이 충실하다는 장점이 있습니다. 학습 도서는 풍부한 사례를 바탕으로 교과서 개념에 살을 붙여 설명해주며, 심화 내용을 이해하는 데 도움이 됩니다.

탐구 과목을 학습할 때 또 한 가지 놓치지 말아야 할 핵심은 바로 스키마입니다. 스키마는 쉽게 말해 일종의 배경지식입니다. 일반적으로 배경지식은 알아두면 도움이 되는 주변 지식, 정보를 의미합니다. 그런데 배경지식은 그 범위가 정해져 있지 않아 체계적으로 학습하기가 까다롭습니다. 그냥 어려서부터 책을 많이 읽으면 배경지식이 많아져 공부에 도움이 된다는 인식 정도에 그치는 경우가 대다수입니다.

하지만 필수적인 배경지식 기준을 교과서로 한정하면 이 문제가 해결될 수 있습니다. 적어도 교과서에 등장하는 배경지식만큼은 꼭 알아야 한다는 기준을 세우는 것입니다. 이를 교과서 개념, 교과 개념이라고 부르는데, 개념이 개별적이지 않고 하나의 체계로 서로 연관되어 있다는 점이 특징입니다. 탐구 과목에 등장하는 개념은 하나의 체계로 학습하는 것이 좋습니다. 그래야 기억이 오래갑니다.

그때그때 배우는 내용을 머릿속에 체계적으로 정리해두지 않으면 우리 두뇌는 이를 중요하지 않은 정보라고 생각해 금방 잊어버립니다. 탐구 과목의 수많은 개념은 국어나 영어처럼 언어적 감각으로 몸에 기억되는 것이 아니라, 상위개념과 하위개념으로 묶이거나 분류되고, 연관된 단원에서 중첩되어 사용된 개념을 통해 서로 연결되어 기억됩니다. 이 같은 유기적인 연결 관계, 체계적으로 연결된 개념 전체를 스키마라고 부르는 것입니다.

탐구 과목 스키마를 제대로 학습하려면 교과서에 나오는 다양한 어휘나 개념어를 교과서 목차에 맞게 그림처럼 정리해 이해해야 합니다. 예를 들어 과학이라는 과목은 항상 물리, 화학, 생명과학, 지구과학이라는 4개 기본 영역으로 나뉜다는 그림을 항상 기억해야 합니다. 이 기본 영역이 다시 통합되고 융합되며 학습 난도가 높아집니다.

고등학교《통합과학》을 배우면 처음에는 물리, 화학, 생명과학, 지구과학을 따로 배우지만 특정 주제에서는 이를 함께 공부합니다. 예를 들어 신소재를 배울 때는 물리와 화학이 연결되고, 뇌의 활동을 공부할 때는 화학과 생명과학을, 지구온난화 문제를 다룰 때는 생명과학과 지구과학을 함께 공부해야 합니다. 따라서 상급 학년으로 올라갈수록 기초 분야인 물리, 화학, 생명과학, 지구과학 각 영역에 대한 정확한 구분과 각 영역별 개념 학습이 필수입니다. 응용 단계에서 융합적 지식을 배울 때 겪는 어려움은 대부분 이런 기초적 과학 개념이 체계적으로 이해되지 않아 생깁니다.

그런데 요즘 초등학생의 교과서 학습 체계는 흔히 말하는 물화생지 구분이 잘 안 됩니다. 교과서 자체가 엄밀한 영역 구분보다는 쉬운 일상적 용어를 사용하여 과학을 쉽고 재미있게 가르치는 데 목적을 두기 때문입니다. 예를 들어 초등학생은 3학년부터 6학년까지 힘과 운동, 전기와 자기, 열과 에너지, 빛과 파동이라는 단원을 조금씩 공부하는데, 각각을 배우고 잊어버리니 이 모든 것을 종합한 세부 과목이 물리라는 사실을 깨닫지 못합니다.

과학이라는 전체 과목은 물리라는 세부 과목으로, 다시 힘과 운동이라는 단원으로, 속력과 마찰력이라는 개념으로 점점 더 세분화되며, 이 전체 개념의 지도를 머릿속에 그리며 학습해야 합니다. 방사형 구조나 트리 구조를 떠올리면 스키마의 특성을 이해하기 쉽습니다.

탐구 과목은 국영수와 달리 지식 정보를 얼마나 많이 알고 이해하는지에 따라 시험 성적이 달라집니다. 그래서 누군가는 탐구 과목은 암기 과목이라고도 말합니다. 하지만 꼭 그렇지만은 않습니다. 탐구 과목도 수많은 응용문제를 풀어야 하기 때문입니다. 단순하게 암기하는 것이 아니라 개념을 정확히 이해하고, 다양한 상황과 문제에 이를 적용할 수 있어야 합니다. 특히 2028 대입 개편으로 인해《통합사회》,《통합과학》으로 출제 범위가 한정되면, 탐구 과목에서 다루는 지식과 개념의 난도는 낮아질 것입니다. 그렇다면 변별력을 확보하기 위해 단순히 개념을 묻는 것이 아니라 신유형의 응용문제와 융합형 문제가 출제될 가능성이 높습니다.

탐구 과목은 개념의 응용 범위가 수학보다 더 넓습니다. 문제와 어울려 활용될 수 있는 시사적, 사회적 배경지식이나 교과서와 간접적으로 연계될 수 있는 시사 이슈, 사회 이슈 범위에 제한이 없기 때문입니다. 예를 들어《통합사회》과목에서는 우크라이나 전쟁, 미국과 중국 간 군비경쟁, 저출산과 인구 감소 문제 같은 최근 시사 이슈가 수능 시험 소재로 등장할 수 있습니다. 또《통합과학》에서는 인공지능 기술 발전, 드론과 로봇 기술, 과학자의 실험 윤리를 비롯해 바이러스 창궐과 같은 일상적인 주제가 융합형 문제로 출제될 수 있습니다. 따라서 탐구 과목을 단순히 암기과목이라고 단정 지어서는 안 됩니다. 확실한 개념 이해를 바탕으로 둘 이상의 개념을 연관 짓거나, 다시 새로운 정보를 연결해 이해할 수 있는 개념 활용 능력을 길러야 합니다.

과학 공부를 위한 스키마 맵 그리기

과학 공부를 위한 스키마 구조는 그림으로 표현할 수 있습니다. 핵심은 물리, 화학, 생명과학, 지구과학 4가지 세부 과목입니다. 초중고 교과서는 모두 이 세부 과목을 중심으로 한 스키마 체계를 공유하고 있습니다. 따라서 초등 시기부터 과학 공부의 뼈대가 되는 스키마를 제대로 세우면 고등학교 때까지 배울 과학 지식을 머릿속에 차곡차곡 정리할 거대한 도서관이 만들어지는 것입니다. 초등학교 과학에서 배우는 스키마의 기본 뼈대는 다음 그림(290쪽)과 같습니다.

실제로 고등학생이 치르는 수능 시험에서도 이 스키마 맵 구조는 그대로 적용됩니다. 다만 각각의 세부 주제와 연관된 개념의 양이 훨씬 많아지고, 심화됩니다. 이렇게 교과 개념을 중심으로 하는 과학 스키마를 지도처럼 머릿속에 넣고 있는 학생은 새로운 현상, 사례를 만나도 당황하지 않습니다. 또 둘 이상의 개념을 함께 활용하더라도 출제 의도가 무엇인지 금세 파악하여 필요한 수준에서 새로운 지식을 융합하고 재창조할 수 있습니다.

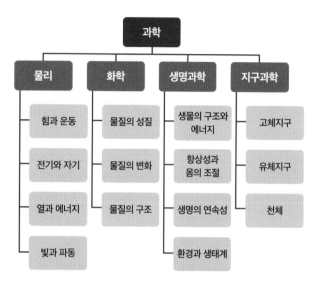

초등학교 과학 스키마

과학을 공부할 때 중요하지만 상대적으로 어렵게 느껴지는 것
이 물리, 화학 과목입니다. 비교적 추상적인 내용을 다루기 때문입
니다. 아이는 살아 있는 생물이나 주변 환경, 지형, 우주 천체에는
어려서부터 관심을 가집니다. 자연스럽게 생명과학이나 지구과학
주제에는 익숙해지지요. 그런데 눈에 보이지 않는 미시적 세계를
연구하는 과학 분야를 다루면 어렵다고 느낍니다. 화학과 물리가
그렇습니다. 생명과학, 지구과학과 달리 직접 만져보거나 경험해
보지 못한 세계를 공부해야 하기 때문입니다.

이런 추상적인 과목을 학습할 때는 계산식 문제만 풀거나 공식만 외워서는 안 됩니다. 기억이 오래가지 않기 때문입니다. 화학 분자식 구조를 암기하고, 반응속도를 구하는 공식을 외운다고 해서 화학 개념을 충분히 이해했다고 볼 수는 없습니다. 오히려 분자식을 외우기에 앞서, 분자란 무엇이고, 이것이 왜 중요한지 이해하고 자기 말로 설명할 수 있어야 합니다.

예를 들어 우리가 먹는 음식이나 입는 옷, 탈것이나 전자제품까지 분자가 아닌 것이 없습니다. 신약을 개발하더라도 분자식을 구성하지 않고는 불가능합니다. 화학은 왜 필요한지, 또 화학이란 어떤 과목인지 알려면 '분자활동을 이해하는 것이 중요하다'는 점을 학생이 납득해야 합니다. 과학을 공부할 때도 독서가 중요한 이유가 여기에 있습니다.

물리도 마찬가지입니다. 중력가속도를 외우기 이전에 그 공식이 무엇을 의미하는지, 또 물질 사이에 왜 힘이 존재하고 작용하는지, 나아가 큰 우주 속에는 어떤 힘이 작용하고 움직이는지 이해할 수 있도록 충분한 시간을 주어야 합니다. 이때도 도움이 되는 것이 독서입니다. 다소 추상적이고 어려워 보이는 물리가 알고 보면 자율주행 자동차, 인공위성, AI와 로봇 그리고 스마트폰을 만드는 기술과 매우 밀접하다는 점을 깨닫게 해줌으로써 물리가 손에 잡히도록 구체적으로 가르쳐야 합니다.

사회 공부를 위한 스키마 맵 그리기

사회 과목을 공부할 때는 조금 더 복잡한 느낌이 들 수 있습니다. 과목 종류와 범위가 훨씬 다양하기 때문입니다. 예를 들어 고등학생이 수능에서 선택하는 사회과 과목은 총 9개나 됩니다. 《생활과 윤리》, 《사회·문화》, 《한국지리》, 《윤리와 사상》, 《세계지리》, 《동아시아사》, 《정치와 법》, 《세계사》, 《경제》가 그것입니다. 《한국사》도 사회 과목 내에서 비슷하게 공부하기 때문에 사회 과목 범주로 포함할 수 있습니다. 주로 도덕이나 윤리 과목은 사회와 구분해서 설명하기도 하는데, 수능에서는 이렇게 세밀하게 구분하기보다 사회탐구로 통합해 부릅니다.

앞으로 《통합사회》가 수능 과목이 되면 이 모든 과목의 내용이 수능 시험 탐구 과목에 등장할 수 있습니다. 분명 학습량은 늘어날 수밖에 없습니다. 그럴수록 세부 과목의 영역 구분과 체계를 명확히 해서 내가 약한 부분이 어디인지, 중요하게 다뤄지는 영역이 어디인지 전체 그림을 그려야 합니다.

먼저 초등학교 시기에는 사회 교과서를 기준으로 사회 과목 핵심 영역을 정치, 법, 경제, 사회·문화로 세분화할 수 있습니다. 도덕 교과서는 사회와 구분하기 때문에 포함하지 않았고, 역사와 지리는 중학교 이후 별도로 더 자세히 공부하기 때문에 우선순위에서 제외했습니다. 4개 영역 중 정치와 사회·문화를 먼저 학습하고 나중에 법과 경제를 공부하는 순서로 학습해야 효과적입니다. 법과 경제가 더 추상적이고 일상생활과 거리가 멀기 때문에 아이도 더 어려워합니다. 이 4개 영역을 중심으로 사회 과목 스키마 맵을 다음처럼 그려볼 수 있습니다.

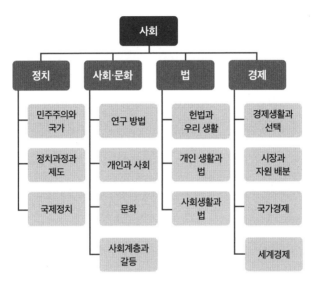

초등학교 사회 스키마

고등학교에서 배우는《통합사회》에는 여기에 지리 영역이 추가됩니다. 하지만 초중등 시기 사회탐구 공부는 이 4가지 핵심 영역으로 충분합니다. 지리 과목은 암기할 내용이 많아 세부 내용은 보통 고등학교 때 집중적으로 학습하는 것이 좋습니다.

오히려 주목해야 할 것은 법과 경제입니다. 탐구 과목일 뿐만 아니라 국어 비문학 세시문에도 법과 경세 주세가 거의 매년 등장합니다. 게다가 그 난도가 탐구 과목 수준보다 더 높습니다. 따라서 법과 경제를 잘 익혀놓으면 사회탐구뿐 아니라 국어 비문학에서도 큰 도움을 받을 수 있습니다.

개념과 사례를 한 몸처럼 공부하는 사회탐구

사회 과목처럼 사례가 중요한 과목은 없을 것입니다. 보통 사회과학은 현실 사건이나 사례에서 이론을 도출해내고, 그 이론을 다시 사례에 적용하는 방식으로 학문이 발전됩니다. 학생이 배우는 사회 과목 내용도 비슷합니다. 예를 들어 사회·문화라는 과목은 크게 사회 영역과 문화 영역으로 나뉘는데, 대학교 학과를 생각해보면 사회학, 문화인류학 같은 학과가 여기에 해당됩니다. 사회학에서는 사회 현상을 분석하고 해석하는 탐구 방법으로 설문조사, 인터뷰, 통계 연구 등을 함께 사용합니다. 또 개인과 사회 간 상호작용과 가치 갈등을 주로 주제로 다룹니다. 한편 문화인류학은 문화적 현상을 관찰하며, 참여관찰 같은 질적 연구를 강조합니다. 최근에는 다문화 사회에서의 문화 다양성, 문화 존중과 충돌 같은 현상을 주로 연구합니다.

이 내용은 고등학교 교과서에도 비슷하게 등장합니다. 그래서 시사 상식이 풍부한 학생이 사회탐구 과목에 유리한 것입니다. 최소한의 개념을 학습하는 것은 어쩌면 하루 이틀이면 충분합니다. 하지만 이를 적용해 이해하는 사례 수준에서는 학생별로 큰 차이를 보입니다. 물론 교과서에서도 이 사례들을 소개하고 있지만, 실제 시험에서는 처음 보는 이슈도 등장합니다. 따라서 탐구 과목 학습에서는 사례를 함께 공부하는 것이 매우 중요합니다.

문과생도 어려워하는 대표적 사회 과목이 바로 법과 경제입니다. 추상적일 뿐 아니라 일상적으로 사용하지 않는 전문 용어가 너무 많이 나오기 때문입니다. 예를 들어 최근 수능 국어 비문학 문제에서는 '공직선거법', '선거여론조사 보도준칙', '민법의 불확정 개념', '손해배상 예정액과 위약금' 등의 법률 용어가 등장했고, '기축통화', '경상수지 적자', '국제유동성', '채권', '채무불이행' 등의 경제 용어가 사용되었습니다. 단어만 봐도 겁에 질릴 만합니다.

물론 수능 시험에 등장하는 제시문에는 일부러 학생이 낯설어하고 어렵게 느낄 만한 전문 용어를 포함합니다. 하지만 그중 많은 용어가 의외로 고등학교 2~3학년 때 배우는 선택과목 교과서에 이미 등장한 용어입니다. 다만 그 선택과목을 택하지 않았거나, 대충 공부한 탓에 체감 난도가 더 높게 느껴지는 것뿐입니다.

해법은 좀 더 일찍부터 차근차근 해당 내용을 학생에게 가르치는 것입니다. 초등학교 5학년이 되면 법과 경제 용어, 중요 개념을 사회 교과서에서 다루기 시작합니다. 이때부터 기초를 탄탄히 쌓

아무면 중학생, 고등학생이 되어 충분히 사회 스키마를 학습할 수 있고, 탐구 과목이나 국어 비문학 문제도 풀어낼 수 있습니다.

대치동 1% 탐구 과목 로드맵

취학 전 시기

- 독서로 다양한 배경지식을 넓혀갈 수 있도록 자극을 줄 것

- 문학 독서 외에도 다양한 동식물, 세계 지리와 주요 도시 이름, 지형과 지명, 역사 이야기, 위인이나 과학자 등 다양한 주제를 가볍게 다루는 책을 읽힐 것

- 아이가 던지는 질문에 최대한 답해주고, 영상이나 이미지를 통해서도 호기심을 가질 수 있게 도와줄 것

- 원리는 가능한 한 단순하고 쉽게 설명해주되, 가장 기본이 되는 원리가 여러 경우에 비슷하게 적용될 수 있음을 알려줄 것

- 사회나 과학 주제에 고르게 관심을 갖도록 유도할 것(구체적인 내용이 많은 과학을 더 쉽게 받아들이는 시기임)

- 지구본이나 간이 현미경 같은 교구를 활용해 탐구 활동에 관심을 갖게 할 것

초등학교 1~2학년

- 학교에서 사회, 과학을 본격적으로 배우지 않는 시기이므로 독서로 해당 교과의 배경지식을 익히게 도와줄 것

- 3학년부터 본격적으로 시작되는 학습을 준비하며 영역별 스

키마를 체계적으로 익히게 할 것

- 사회의 경우 나와 친구, 나와 선생님, 학교와 공동체 등 일상적 주제를 골고루 접할 수 있도록 독서 활동을 장려할 것
- 특히 규범 학습 과정에서는 약속의 중요성을 가르쳐야 하며, 약속을 지키지 못하면 생겨나는 혼란이나 갈등에 관해서도 아이와 대화를 나눌 것(법과 질서, 사회윤리의 근간을 이룸)
- 규율을 강제하기보다 입장을 바꿔 생각해보는 훈련을 통해 자연스럽게 타인과 어울려 살아가는 공동체 약속을 존중하도록 교육할 것
- 생활에서 경험하는 우리 지역의 특징이나 교통, 통신수단에 관심을 갖고 함께 이야기 나눌 것
- 과학의 경우 환경이나 생명체를 주제로 하거나, 단편적인 정보 중심으로 다뤄지는 경우가 많으니 부담 없이 다양하게 읽힐 것
- 가능하다면 단편적인 사건 간 관계, 원인과 결과를 설명할 수 있도록 훈련하고, 이를 위해 여러 질문을 던져보는 독후 활동을 해볼 것
- 책을 읽다가 모르는 부분이 나오면 관련된 영상이나 사진, 다른 책의 설명을 참고해 아이가 지식을 연결할 수 있도록 지도할 것(굳이 사전을 찾지 않더라도 스스로 다른 지식을 활용하는 습관을

기를 수 있음)

- 이야기가 함께 담겨 있는 책으로 사회, 과학을 배워가면 훨씬 지루하지 않게 다룰 수 있음(개념 이해보다 주제에 대한 친숙도 향상을 목표로 함)

초등학교 3~4학년

- 3학년부터는 본격적으로 탐구 교과목을 배우고 개념 학습이 이루어지므로, 교과서의 기초 개념을 완벽히 숙지하며 스키마의 뼈대를 튼튼히 할 것
- 도서 수준이 급격히 어려워지는 느낌이 들 수 있으므로 아이와 함께 읽어가며 차근차근 설명해줄 것(정보 위주 독서에 흥미를 느끼지 못하는 아이에게는 부모의 설명이 더 많이 필요함)
- 학습만화를 활용하되 이해한 내용을 설명해 보도록 권하고, 일반 학습 도서와 병행하며 읽도록 지도할 것(삽화가 많이 나와 있는 책이 도움이 됨)
- 독후 활동으로는 요약하기, 설명하기, 그림으로 나타내기 등 쉬운 활동을 주로 추천하며, 예를 들어 설명하기 같은 과정을 글쓰기로 연계해 학습할 것
- 사회는 정치(공공기관, 지역문제 해결 등), 사회·문화(문화 교류, 문화 다양성 등) 주제를 주로 독서를 통해 학습하고, 과학은 환경

(지구온난화, 생물 다양성 등), 생태(동식물의 생애), 지구와 우주의 역사 등을 고르게 학습할 수 있도록 신경 쓸 것

- 위 주제는 교과서 수준에서 다루는 필수 교과 지식 범위이므로 특별히 어려워하거나 모르는 부분이 없도록 스키마 수준을 점검해줄 것

초등학교 5~6학년

- 학생마다 편차가 커지는 시기이므로 지식 수준이 부족한 학생은 3~4학년 수준의 독서를 추천하며, 상대적으로 독서력이 풍부한 학생은 빠르게 중학교 수준의 청소년 도서로 넘어갈 것
- 구체적 사례 중심의 독서 경험에서 추상적 개념 이해를 목적으로 하는 독서로 경향이 바뀌는 시기라 독서에 흥미를 잃을 수 있으니 주의할 것
- 필요에 따라서는 여전히 학습만화 등을 참고할 수 있으나, 학습만화가 더 비효율적일 수 있으므로 텍스트 위주의 학습 도서 독해가 가능하게 할 것
- 사회 분야에서는 법과 경제, 과학 분야에서는 물리, 화학 및 공학 주제를 최소 분야별로 1년에 한 권 이상 읽힐 것
- 탐구 과목 문제집 또는 비문학 독해 문제집을 통해 개념을 적

용한 문제 풀이 연습을 꾸준히 할 것

- 사회 과목의 경우 중요한 사회 이슈나 기사문 읽기를 병행할 수 있으며, 과학은 과학자의 전기소설, 과학 발전의 역사, 최신 과학기술이 접목된 발명품이나 산업 분야 발전 등을 소재로 흥미를 유도할 것
- 단순히 사례에 대한 지식을 축적하는 데 그치지 않고, 원인을 설명하거나 사건 간 논리적 연관성을 정확히 따져볼 수 있는 논리적 사고력을 함께 키워줄 것
- 특히 비판적 사고가 빠르게 성장하는 시기이므로 토론을 통해 주제 이해도를 키우고 발전시킬 것

중학교 시기

- 꾸준히 독서에 신경 쓰면서 문제 풀이 훈련을 병행할 것
- 중등 시기 탐구 과목의 교과 개념은 향후 고등학교 교과 학습의 기초라는 점을 염두에 둘 것
- 교과서 개념 체계를 스스로 그림이나 필기 형태로 정리하고 구조화하는 연습을 할 것
- 주요 단원의 목차와 개념 간 연관성을 이해하고, 이를 토대로 새로운 현상이나 발견에 기존 개념을 적용하는 능력을 키워나갈 것

- 학교에서 보고서 작성, 토론문 작성 등과 같이 논리적, 비판적 사고 능력을 활용하는 탐구 활동을 자주 진행하므로 이를 토대로 글을 작성하는 능력을 키울 것
- 교과서 수준에 그치지 않고 심화하여 이해할 수 있도록 다양한 시사 상식, 과학 상식을 추가로 습득할 것(책과 여러 매체를 활용)
- 고등학교 과정을 미리 한번 훑어볼 것(혼자 공부할 수 있는 학습서, 문제집 등을 참고하고, 모의고사 등 기출문제를 풀어보는 것도 가능함)
- 중학교 2~3학년부터는 탐구 과목과 연계된 국어 비문학 제시문을 자주 풀어보면서 배경지식을 넓히고, 독해력도 훈련하는 연습을 스스로 계획을 세워 진행할 것

06
설득하는 힘을 기르는
논술

논술은 글쓰기 훈련부터

논술은 논리적 글쓰기로, 논리적 사고 능력과 글쓰기 능력으로 나누어 생각해봐야 합니다. 먼저 글쓰기의 경우 취학 전부터 쓰기 훈련을 조금씩 해야 저항감이 줄어듭니다. 많은 분량을 쓸 필요는 없고, 다만 꾸준히 손근육을 기르고, 쓰는 일을 귀찮다고 여기지 않도록 미리미리 습관을 만들어주는 것이 나중에 글쓰기의 괴로움을 줄일 수 있습니다.

초등학교 2학년부터는 일기 쓰기, 독후감 쓰기를 통해 자기 생각을 담은 글쓰기를 훈련할 필요가 있습니다. 분량은 생각의 크기가 늘어나는 만큼 자연스럽게 늘어난다고 보고 강요할 필요는 없으나 아이와 글쓰기 이전에 대화를 충분히 나누어 글감을 만들어 주는 것이 중요합니다.

초등학교 3학년부터는 학습 과정에 글쓰기가 포함되는 경우가 많고, 이런 준비가 되어 있지 않은 학생은 글의 분량이나 내용이 부실해 또래 친구보다 학습 능력이 부족해지는 문제가 생길 수 있습니다. 보이지 않게 저학년부터 꾸준히 역량을 길러오는 것이 중요합니다.

논리적 사고를 본격적으로 훈련하는 것은 초등학교 고학년이 되어야 가능합니다. 저학년까지는 주어진 내용을 받아들이고 이해하는 데 초점을 두기 때문에 인과적 사고, 일관성 있는 내용 이해 정도면 충분합니다. 고학년이 되면 본격적으로 비판적 사고를 훈련하게 됩니다. 이때가 논리적 사고가 본격적으로 발달하는 시기입니다. 실제로 초등학교 5학년이 되면 아이도 토론에 흥미가 커지고, 말하기 훈련도 많이 합니다.

정리해보면 논술은 글쓰기와 논리적 사고의 기본기를 시기에 맞게 발달시켜 초등학교 고학년 또는 중학교 시기에 집중적으로 훈련하는 것이 바람직합니다. 그 이전까지는 독서를 통해 교과 지식 개념 학습을 깊이 있게 하는 것이 더 중요합니다.

논술의 중요성

과거에는 정시에서도 논술 시험을 보는 경우가 있었지만 최근에는 수시 입시에서만 논술 시험을 봅니다. 흔히 논술 하면 문과학생의 입시를 떠올리는 경우가 많은데, 이과 학생도 논술 전형으로 대학에 갑니다. 주로 수학, 과학 문제를 논술 문제로 출제하는데, 풀이 과정을 떠올리는 것도, 풀이 과정을 논리적으로 적어내는 서술도 평소에 해보지 않았던 시험 방식이기 때문에 학생들이 낯설어합니다.

최근까지 수시 입시에서 논술 비중이 감소하고 있었지만 다시확대되는 경향이 나타나고 있습니다. 단적으로 폐지되었던 고려대학교 논술 고사가 올해부터 7년 만에 부활하게 되었습니다. 과거 논술은 사교육을 유발하는 전형, 공교육 내에서 대비하기 힘든전형이라는 오명을 달았고, 교육부는 입시 전형에서 논술 비중을줄이는 방침을 정했습니다. 논술 전형 비중을 줄이면 교육부에서해당 대학에 지원금을 주기도 했습니다. 하지만 정부가 방침을 바꾸어 교육 내 논·서술 교육 확대를 지향하고 있고, 대학도 내신 성적만으로 파악하기 힘든 학생의 학업역량을 평가하기 위해 논술고사를 다시 확대하고 있습니다.

이와 더불어 고교 내신 성적에서도 논술 실력의 영향력이 커지고 있습니다. 내신 성적에는 중간, 기말고사 성적이 50% 정도 반영되는데, 이를 제외한 나머지 성적은 보통 수행평가라고 불리는 학기 중 보고서, 발표, 토론, 탐구 활동 성적을 포함합니다. 논리적으로 말하고 글 쓰는 능력, 또 비판적으로 사고하는 능력이 점차 내신 성적에서도 영향을 키워나가고 있는 것입니다.

논술은 말 그대로 말이나 글을 통해 논리적으로 의견을 전달하는 기술입니다. 문학적 성격의 글과는 다르게 논술은 자기주장을 논리적으로 펴고, 타인을 설득하는 데 목적이 있습니다. 따라서 주장과 근거가 뚜렷해야 하고, 참거짓을 구별할 수 있는 사실에 기반해야 합니다.

그런데 우리 교육은 논술형 문제보다 서술형 문제에 익숙합니다. 서술형 문제는 객관식처럼 보기가 주어져 있지 않고, 문제의 답을 풀어 써야 하는 문제 유형을 뜻합니다. 논술형 문제는 여기서 한 걸음 더 나아가 주어진 상황이나 주제를 비판하는 논리를 전개하거나 자기 의견을 밝혀야 합니다.

아직까지는 교육 현장에서 논술형 문제가 큰 비중을 차지하지 못하고 있습니다. 하나의 답이 존재하지 않고, 채점이 용이하지 않기 때문입니다. 반면 답이 비교적 명확하고, 객관적 사실 위주로 채점되는 서술형 문제는 이미 많이 활용되고 있습니다. 서술형 문제를 출제하면 학생이 정말 교과 개념을 암기하고 이해했는지 확인하기 좋습니다. 내용을 모르면 아예 답을 적어낼 수 없기 때문입니다. 증가하고 있는 서술형 고사 비율 추세를 반영하여 서술형 문제를 통해 개념 학습 및 응용을 학습하는 훈련이 필요합니다.

개념 학습과 응용에 서술형 문제가 도움 된다면, 논술형 문제는 설득력을 길러주는 데 큰 도움이 됩니다. 설득력이 떨어지는 문제를 만나면 비판적으로 생각하게 됩니다. 기존 지식으로 풀 수 없거나 생각해보지 않았던 문제에 직면했을 때 새로운 지식을 창출해내려면 비판적 사고력이 필수입니다.

논술은 지식 암기가 아닌 지식 활용 능력을 길러주는 과목입니다. 이 능력은 교과목에 상관없이 적용 가능합니다. 논술은 국영수 사과는 물론이고, 그 외 모든 지식을 새로 배우거나 적용할 때 영역 확장을 가능케 하는 논리적 토대를 제공해 줍니다. 따라서 논술 교육은 기존 지식, 학습 개념을 새로운 지식으로 확장하는 일이라면 어디에나 도움이 됩니다. 이 과정에서 학생은 타인을 설득하는 법을 배웁니다.

예를 들어 인공지능 판사를 어떻게 생각하는지 찬반 토론을 진행해 본다고 가정합시다. 아이들은 찬성 또는 반대 입장이 되어 비판적으로 생각해 보면서 상대방의 반론을 예상하고, 그에 대한 답변을 사전에 준비합니다. 그러면서 내 주장의 한계점, 내 주장의 허술한 근거를 스스로 파악하고, 자연스럽게 이를 보완하려는 노력을 합니다. 반대로 상대 입장의 약점을 공략하기 위해 상대방 주장을 반박하고 문제점을 찾아내는 비판적 사고력을 훈련하기도 합니다. 따라서 논술은 토론과도 밀접한 연관을 지니며, 타인을 설득하기 위한 나의 무기가 됩니다. 타인을 설득할 수도 있고, 때로는 타인에게 설득당할 수도 있습니다. 이것이 토론 학습의 매력이자 목표입니다.

논술을 잘하면 공부에도 도움이 됩니다. 실제로 논술을 잘하는 친구 중에 성적이 좋은 아이가 많습니다. 논리적으로 사고하는 능력을 터득하면 공부법이 향상되고, 좋은 성적을 받는 방법도 빠르게 찾아내기 때문입니다.

무엇보다 논술의 가장 큰 효용은 아이가 똑똑해진다는 점입니다. 논술은 아이가 생각하게 하고, 더 나은 해답을 찾아낼 수 있도록 새로운 접근 방법을 떠올리게 해줍니다. 향후 대학에 진학해서도 혹은 직장 생활을 하면서도 계속 공부가 필요한데, 그때마다 논술 실력은 큰 힘이 됩니다.

고교학점제 이후 면접이 중요해진다

다음으로 강조하고 싶은 것은 논술이 면접시험에도 도움이 된다는 사실입니다. 면접은 입시에서 매우 중요한 전형 요소입니다. 서류 평가에서 높은 점수를 받아도 면접시험에서 떨어지는 학생이 생각보다 많습니다.

고교학점제 도입 이후에는 면접이 더 중요해질 가능성이 커졌습니다. 내신 성적 변별력이 줄어들었기 때문입니다. 앞으로 1단계에서는 서류 평가로 내신 성적을 판단하지만, 2단계에서는 면접으로 학생의 우수한 역량을 재평가하는 방식이 확대될 것입니다.

심지어 수시뿐 아니라 정시에서도 면접이 중요해지고 있습니다. 가장 대표적인 것이 의대 면접입니다. 흔히 MMI(Multiple Mini Interview), 다중 미니 면접이라고 하는 의대 면접 유형이 있습니다. 이 면접은 정답이 없는 여러 가지 유형의 면접 질문을 2번 이상 하는 방식입니다. 보통 한 시간 동안 3~4가지 면접 문제를 풀고 답변하며, 여러 명의 교수님과 입학사정관이 돌아가며 면접시험을 진행합니다. 의료 윤리 문제나 수학, 과학 문제가 출제되고, 학생부를 토대로 한 인성 면접도 함께 진행됩니다. 이런 식의 수준 높은 면접시험 방식을 도입하고 있는 곳은 서울대, 성균관대, 울산대, 아주대 등 주요 명문 의대 대부분이 포함됩니다.

최상위권 학생이 도전하는 의대 입시 외에 일반적인 학생부전형 입시에서도 면접의 중요성은 앞으로 더 커질 수밖에 없습니다. 내신 1등급 비율이 늘어남에 따라 내신 성적 기준 동점자가 많아지기 때문입니다. 따라서 대학은 다양한 면접고사를 통해 우수한 학생을 선발하려 할 것입니다. 면접은 학생의 학업 실력 외에도 진실성, 성실성, 의사소통능력 등 다양한 요소를 평가하기에 적합한 평가 방식이라 대학 측에서도 이를 적극적으로 활용하고 있습니다.

면접에 대한 오해

일반적으로 말을 잘하면 면접도 잘할 것이라고 생각합니다. 물론 면접을 잘하려면 발음과 시선, 말의 속도와 태도 같은 말하기의 형식적 요소도 중요합니다. 하지만 진짜 중요한 합격 기준은 답변의 내용과 논리성입니다. 면접관이 꼭 확인하고 싶어 하는 핵심 내용을 담은 답변을 해야 합격할 수 있습니다.

입시에서 면접관이 원하는 것은 크게 2가지입니다. 첫 번째는 질문에 대한 정확한 대답이고, 또 하나는 서류로 알 수 없는 면접자의 진짜 실력입니다. 먼저 질문에 정확한 대답을 하려면 질문자의 의도를 정확히 파악해야 합니다. 따라서 질문의 의도와 핵심을 파악하는 듣기 실력이 필요한데, 이는 일종의 독해력과 비슷합니다. 다만 글이 아닌 말을 듣고 상대방의 핵심을 파악한다는 점이 다를 뿐입니다.

주어진 질문에 답변을 준비하는 과정은 논술 문제 풀이 과정과 유사합니다. 질문 의도에 맞게 답변을 서술해야 하기 때문입니다. 주장이 명확하고 근거가 뚜렷해야 하며, 평가자인 질문자가 설득되고 납득할 수 있는 답변을 내놓아야 좋은 점수를 받습니다. 그래서 면접을 구술시험, 즉 말로 푸는 논술시험이라고도 부릅니다.

면접으로 확인하는 또 한 가지 중요한 내용은 서류 평가로 확인할 수 없는 지원자의 진짜 실력입니다. 서류는 부풀려서 기록할 수 있습니다. 하지만 직접 만나 대화를 나누어보면 거짓말이 금세 탄로 납니다. 특히 논리적으로 일관성 있는 답변을 하는 것이 중요합니다. 여러 가지 질문을 받다 보면 부풀려서 꾸며낸 억지 논리가 무너지기 때문에 학생들이 당황합니다. 암기한 답변을 줄줄 외는 것이 아니라 대화를 통해 자신의 잠재성, 숨은 역량을 어필하려면 말하기 실력만큼이나 논리성과 진실성이 중요합니다.

논술 실력과 면접 실력을 함께 키우는 비결

말과 글은 뿌리가 동일합니다. 바로 우리 자신의 '생각'입니다. 말과 글은 생각을 담는 그릇에 불과합니다. 논술이나 면접시험에서 실력을 발휘하려면 생각이 논리적이고, 일관성 있어야 합니다. 생각하는 힘이 충분히 길러졌다면 그 뒤에 그것을 표현하고 담아내는 글쓰기 실력, 말하기 실력을 쌓아야 합니다. 이것이 논술 교육이 필요한 이유입니다.

보통 말을 빠르게 잘하는 달변가가 논리적인 것처럼 느껴질 때가 많습니다. 하지만 말을 잘하는 사람 중에도 논리적이지 않고, 질문 의도와 상관없는 엉뚱한 답변을 내놓는 사람이 많습니다. 그렇게 말하면 설득력을 잃습니다. 논술이나 면접을 잘하려면 상대방이나 말과 글을 집중해서 논리적으로 이해하고, 답변에서 역시 논리적으로 간결하게 핵심을 드러내야 합니다.

논리적으로 말하기를 어려워한다면 논리적 문장 쓰기부터 연습해보는 것이 좋습니다. 두괄식으로 간단한 주장을 적어보고, 이유와 근거를 덧붙여 나가면 짧지만 설득력 있는 하나의 논리적 주장이 만들어집니다. 그리고 그것을 자연스럽게 외워서 말해보면 논리적 말하기 연습이 됩니다.

반대로 논리적으로 글쓰기가 어렵다면 일단 말하기부터 연습해볼 수 있습니다. 머릿속으로 잠깐 생각한 뒤 주장을 한 문장으로 간결하게 말해봅니다. 이어 마치 글을 쓰듯 다음 문장을 생각하며 논리적 근거를 추가하면 자연스럽게 문장 간 구성과 흐름이 파악됩니다. 그리고 입으로 말한 문장을 잊어버리기 전에 빠르게 옮겨 적으면 논리적 글쓰기가 완성됩니다. 논술은 어렵지 않습니다. 논술과 면접은 언제나 한 뿌리에서 자라난다는 사실만 기억하면 됩니다.

대치동 1% 논술 로드맵

취학 전 시기

- 독서에 최대한 노출하고, 책을 자주 읽어주는 동시에 아이 스스로 읽어가고 이해하는 경험을 할 수 있도록 지도할 것
- 한자어나 사자성어에 흥미를 가질 수 있도록 계기를 마련해 줄 것
- 바르게 한글 쓰는 훈련을 할 것(손근육 강화)
- 일기 쓰기나 짧은 글쓰기 연습을 통해 글쓰기 기초 훈련을 시켜볼 것

초등학교 1~2학년

- 읽은 뒤 내용을 요약하거나 설명하도록 유도하는 질문을 던져볼 것
- 가능하면 부모가 함께 책을 읽으며 흥미로운 질문을 발견해 아이와 대화할 것
- 아이가 놓쳤을 것 같은 포인트가 있으면 어떻게 이해했는지 질문해볼 것
- 논리적 사고를 위해 원인과 결과를 연관 지어 생각하도록 대화할 것

- 2학년이 되면 본격적으로 글쓰기 훈련을 할 것
- 글쓰기 분량은 정해져 있지 않으나 200자 원고지 1매 정도를 작성할 수 있도록 목표를 세울 것

초등학교 3~4학년

- 다양한 글쓰기(창작, 독후감, 설명문, 요약하기)를 경험하고 훈련할 것
- 주장에 근거를 붙여 쓰는 훈련을 할 것('왜냐하면' 활용)
- 책 내용에 의문을 갖거나 비판적으로 생각해볼 수 있도록 다양한 관점에서 질문을 던져볼 것
- 바르게 요약하기 위해 여러 분량(한 문장, 한 단락 등)으로 요약해보고, 특정 인물이나 사건을 중심으로 자세히 요약하기를 연습해볼 것
- 글쓰기 분량을 점차 늘려 500~600자 가량의 글쓰기를 목표할 것
- 서론, 본론, 결론의 역할을 배우고, 문단 구성을 위한 개요 짜기 연습을 해볼 것
- 기초적인 토론 연습을 위해 상대방이 한 말이나 의견을 다시 요약해서 말해보는 연습을 할 것

초등학교 5~6학년

- 비판적 사고를 적극적으로 훈련하여 책의 저자나 주인공의 행동 따위를 비판하는 주장을 펼쳐볼 것

- 한 가지 이상의 근거를 들어 주장 또는 비판하는 글쓰기를 연습할 것

- 주장을 뒷받침하는 사례, 예화, 사실을 다양하게 활용해볼 것

- 찬반 토론 및 의회식 토론을 훈련하여 입론, 반론을 연습할 것

- 등장하는 인물 간 갈등이나 대립을 활용해 쟁점을 도출해볼 것

- 사회 현상에 교과서에서 배운 이론이나 개념을 적용해 논의를 확대하는 글쓰기를 훈련해볼 것

- 본론이 2문단 이상으로 작성되는 글의 개요를 작성해볼 것

- 글쓰기 분량이 600~1000자 정도 될 수 있도록 목표할 것

- 첨삭을 받은 뒤에는 수정 사항을 반영해 리라이팅을 하도록 연습할 것

- 반박하는 상대편 주장에 대응하기 위한 논리를 펴는 법(보완 또는 재반박)을 익힐 것

- 독해한 글을 논증 형식으로 정리하거나, 전제와 결론으로 재정리해볼 것

중학교 시기

- 요약 비중을 줄이고 내 생각으로 시작하는 글쓰기를 본격적으로 훈련할 것
- 비문학뿐 아니라 문학까지도 함께 융합하여 논술적 글쓰기로 연결해볼 것
- 문학작품의 논리적 구성, 표현 기법 등을 분석하고 이를 비평해보는 글쓰기를 훈련할 것
- 서평 쓰기 훈련을 할 것(주관적 감상 중심의 독후감과 다른 논리적 글쓰기)
- 기사문 작성 및 시간 순서에 따른 서사적 글쓰기를 비롯해 다양한 글쓰기를 연습해볼 것(토론 입론서 및 탐구 보고서 등)
- 내 주장을 뒷받침하는 이론, 사상가, 다른 책의 내용 등을 인용하거나, 상대 주장에 반박하는 연습을 하고 이를 글쓰기에 반영해볼 것
- 1000자 이상의 글쓰기를 목표하며, 논리적으로 촘촘한 개요 작성을 위해 노력할 것
- 리라이팅을 생활화하여 글 솜씨 및 논리적 글쓰기 실력을 향상할 것
- 설득력 있는 글쓰기를 위해 수사적 표현이나, 효과적인 서론 쓰는 방법 등을 고민해볼 것

- 한 단락 정도 주장과 이유, 근거를 일관성 있게 서술하거나, 논리적인 글과 설득하는 글을 작성하기 위해 논증 구조를 파악하고 훈련할 것
- 좋은 글의 논리적 구조를 분석하는 연습을 통해 논증 전개 방식을 익히고, 비문학 독해 실력이 향상될 수 있게 할 것

에필로그

견월망지(見月忘指)의 지혜

입시라는 높은 산을 넘어서면 비로소 목표했던 교육의 큰 그림이 제대로 보입니다. 마치 좁은 산길을 헤치고 올라 산봉우리에 이르면 그제야 반대편 산 아래 풍경이 펼쳐지면서 여행길의 굽이굽이가 눈에 들어오는 여유가 생기는 것처럼 말입니다. 하지만 우리 주변에는 여전히 나무만 보느라 숲을 보지 못하는 이들이 많습니다. 입시를 멀리하다가 적절한 때를 놓치기도 하고, 입시만 신경 쓰다가 오히려 교육의 참목적을 놓쳐버리기도 합니다.

먼저 입시를 알아야 합니다. 이 책을 통해 적어도 입시의 작은 산봉우리 하나 정도는 넘었기를 기대합니다. 아직 우리의 여정은 시작에 불과하지만 적어도 올바른 방향을 이해했다면, 입시와 교육을 조화롭게 바라보는 관점이 무엇인지 이해했다면 그것으로 충분합니다.

그리고 결국 입시를 넘어서야 합니다. 입시를 이기는 교육으로 나아가야 합니다. 그래서 필요한 것이 '견월망지'의 지혜입니다. 달을 봤으면 손가락을 잊어버려야 하듯이, 입시를 이해했다면 이제 다시 교육을 깨쳐야 합니다.

인공지능이 보편화되면서 전문직과 사무직, 서비스직 일자리가 위협받고 있습니다. 우리 아이가 살아갈 시대는 더욱 대학 졸업장이 평생 직장과 연봉을 보장해주지 못합니다. 물론 기성세대에게는 정답이 없습니다. 미래를 살아보지 못했기 때문입니다. 대신 우리는 아이가 자신의 삶과 시대에 대해 현명한 질문을 던질 수 있도록 가르쳐야 합니다. 그것이 우리 교육의 목표일 것입니다. 그리고 입시라는 관문은 그런 교육목표를 실현하도록 도와주는 고마운 길잡이, 조력자입니다.

부디 입시를 피하고 싶은 괴로움의 과정이 아닌 고마운 동반자, 자기 성장의 기회로 받아들여 모두가 함께 성장하는 사회로 나아가는 밑거름이 되기를 기대합니다.

SKY로 가는 길, 확 바뀝니다

1판 1쇄 발행 2024년 9월 2일
1판 2쇄 발행 2024년 9월 20일

지은이 최성호
발행인 오영진 김진갑
발행처 ㈜심야책방

책임편집 박수진
기획편집 유인경 박민희 박은화
디자인팀 안윤민 김현주 강재준
마케팅 박시현 박준서 김예은 김수연 김승겸
경영지원 이혜선

출판등록 2006년 1월 11일 제313-2006-15호
주소 서울시 마포구 월드컵북로5가길 12 서교빌딩 2층
원고 투고 및 독자 문의 midnightbookstore@naver.com
전화 02-332-3310 팩스 02-332-7741
블로그 blog.naver.com/midnightbookstore
페이스북 www.facebook.com/tornadobook

ISBN 979-11-5873-314-8 (03370)